卞尺丹几乙し丹卞と

Translated Language Learning

The Little Mermaid

Küçük Deniz Kızı

Hans Christian Andersen

English / Türkçe

Copyright © 2023 Tranzlaty
All rights reserved.
Published by Tranzlaty
ISBN: 978-1-83566-285-4
Original text by Hans Christian Andersen
Den Lille Havfrue
First published in Danish in 1837
www.tranzlaty.com

The Little Mermaid
Küçük Deniz Kızı

Far out in the ocean, where the water is blue
Okyanusun çok uzağında, suyun mavi olduğu yerde
here the water is as blue as the prettiest cornflower
Burada su en güzel peygamber çiçeği kadar mavi
and the water is as clear as the purest crystal
Ve su en saf kristal kadar berraktır
this water, far out in the ocean is very, very deep
Bu su, okyanusun çok uzağında, çok, çok derin
water so deep, indeed, that no cable could reach the bottom
Gerçekten de o kadar derin su ki, hiçbir kablo dibe ulaşamadı
you could pile many church steeples upon each other
Birçok kilise kulesini birbiri üzerine yığabilirsiniz
but they would not reach the surface of the water
ama suyun yüzeyine ulaşamayacaklardı
There dwell the Sea King and his subjects
Orada Deniz Kralı ve tebaası yaşıyor
you might think it is just bare yellow sand at the bottom
Altta sadece çıplak sarı kum olduğunu düşünebilirsiniz
but we must not imagine that there is nothing there
Ama orada hiçbir şey olmadığını hayal etmemeliyiz
on this sand grow the strangest flowers and plants
Bu kumda en garip çiçekler ve bitkiler büyür
and you can't imagine how pliant the leaves and stems are
Ve yaprakların ve gövdelerin ne kadar esnek olduğunu hayal bile edemezsiniz
the slightest agitation of the water causes them to stir
Suyun en ufak bir çalkalanması karışmalarına neden olur
it is as if each leaf had a life of their own
Sanki her yaprağın kendine ait bir hayatı varmış gibi
Fishes, both large and small, glide between the branches
Hem büyük hem de küçük balıklar dallar arasında süzülür
just like when birds fly among the trees here upon land
Tıpkı kuşların karadaki ağaçların arasında uçması gibi

In the deepest spot of all stands a beautiful castle
En derin noktada güzel bir kale duruyor
this beautiful castle is the castle of the Sea King
bu güzel kale Deniz Kralı'nın kalesidir
the walls of the castle are built of coral
Kalenin duvarları mercandan inşa edilmiştir
and the long Gothic windows are of the clearest amber
ve uzun Gotik pencereler en berrak kehribar rengindedir
The roof of the castle is formed of sea shells
Kalenin çatısı deniz kabuklarından yapılmıştır
and the shells open and close as the water flows over them
ve su üzerlerinden akarken kabuklar açılır ve kapanır
Their appearance is more beautiful than can be described
Görünüşleri tarif edilebileceğinden daha güzel
within each shell there lies a glittering pearl
Her kabuğun içinde ışıltılı bir inci yatar
and each pearl would be fit for the diadem of a queen
Ve her inci bir kraliçenin diademine uygun olurdu

The Sea King had been a widower for many years
Deniz Kralı uzun yıllardır dul kalmıştı
and his aged mother kept house for him
Yaşlı annesi de ona ev tuttu
She was a very sensible woman
Çok duyarlı bir kadındı
but she was exceedingly proud of her high birth
ama yüksek doğumuyla son derece gurur duyuyordu
and on that account she wore twelve oysters on her tail
ve bu nedenle kuyruğuna on iki istiridye taktı
others of high rank were only allowed to wear six oysters
Yüksek rütbeli diğerlerinin sadece altı istiridye giymesine izin verildi
She was, however, deserving of very great praise
Ancak çok büyük bir övgüyü hak ediyordu
there was something she especially deserved praise for
Özellikle övgüyü hak ettiği bir şey vardı
she took great care of the the little sea princesses

Küçük Deniz Prensesleri'ne çok iyi baktı
she had six granddaughters that she loved
Sevdiği altı torunu vardı
all the sea princesses were beautiful children
Bütün deniz prensesleri güzel çocuklardı
but the youngest sea princess was the prettiest of them
Ama en genç deniz prensesi içlerinde en güzeliydi
Her skin was as clear and delicate as a rose leaf
Cildi bir gül yaprağı kadar berrak ve narindi
and her eyes were as blue as the deepest sea
Ve gözleri en derin deniz kadar maviydi
but, like all the others, she had no feet
Ama diğerleri gibi onun da ayakları yoktu
and at the end of her body was a fish's tail
ve vücudunun sonunda bir balık kuyruğu vardı

All day long they played in the great halls of the castle
Bütün gün kalenin büyük salonlarında oynadılar
out of the walls of the castle grew beautiful flowers
Kalenin duvarlarından güzel çiçekler büyüdü
and she loved to play among the living flowers, too
Ve o da canlı çiçekler arasında oynamayı severdi
The large amber windows were open, and the fish swam in
Büyük kehribar pencereler açıktı ve balıklar içeri girdi
it is just like when we leave the windows open
Tıpkı pencereleri açık bıraktığımız zamanki gibi
and then the pretty swallows fly into our houses
Ve sonra güzel kırlangıçlar evlerimize uçuyor
only the fishes swam up to the princesses
Sadece balıklar prenseslere kadar yüzdü
they were the only ones that ate out of their hands
Ellerinden yiyen sadece onlardı
and they allowed themselves to be stroked by them
Ve onlar tarafından okşanmalarına izin verdiler

Outside the castle there was a beautiful garden
Kalenin dışında güzel bir bahçe vardı

in the garden grew bright-red and dark-blue flowers
Bahçede parlak kırmızı ve lacivert çiçekler büyüdü
and there grew blossoms like flames of fire
Ve orada ateş alevleri gibi çiçekler açtı
the fruit on the plants glittered like gold
Bitkilerin üzerindeki meyveler altın gibi parlıyordu
and the leaves and stems continually waved to and fro
ve yapraklar ve gövdeler sürekli olarak ileri geri sallanıyordu
The earth on the ground was the finest sand
Yerdeki toprak en iyi kumdu
but it does not have the colour of the sand we know
ama bildiğimiz kumun rengine sahip değil
it is as blue as the flame of burning sulphur
Yanan kükürt alevi kadar mavidir
Over everything lay a peculiar blue radiance
Her şeyin üzerinde tuhaf bir mavi ışıltı yatıyordu
it is as if the blue sky were everywhere
Sanki mavi gökyüzü her yerdeymiş gibi
the blue of the sky was above and below
Gökyüzünün mavisi yukarıda ve aşağıdaydı
In calm weather the sun could be seen
Sakin havalarda güneş görülebilir
from here the sun looked like a reddish-purple flower
Buradan güneş kırmızımsı-mor bir çiçeğe benziyordu
and the light streamed from the calyx of the flower
Ve ışık çiçeğin kaliksinden akıyordu

the palace garden was divided into several parts
Saray bahçesi birkaç bölüme ayrılmıştır
Each of the princesses had their own little plot of ground
Prenseslerin her birinin kendi küçük arazisi vardı
on this plot they could plant whatever flowers they pleased
Bu arsaya istedikleri çiçekleri ekebilirlerdi
one princess arranged her flower bed in the form of a whale
Bir prenses çiçek tarhını balina şeklinde düzenledi
one princess arranged her flowers like a little mermaid
Bir prenses çiçeklerini küçük bir deniz kızı gibi düzenledi

and the youngest child made her garden round, like the sun
Ve en küçük çocuk bahçesini güneş gibi yuvarladı
and in her garden grew beautiful red flowers
Ve bahçesinde güzel kırmızı çiçekler büyüdü
these flowers were as red as the rays of the sunset
Bu çiçekler gün batımının ışınları kadar kırmızıydı

She was a strange child; quiet and thoughtful
Tuhaf bir çocuktu; Sessiz ve düşünceli
her sisters showed delight at the wonderful things
Kız kardeşleri harika şeylerden zevk aldılar
the things they obtained from the wrecks of vessels
Gemilerin enkazlarından elde ettikleri şeyler
but she cared only for her pretty red flowers
Ama sadece güzel kırmızı çiçeklerini önemsiyordu
although there was also a beautiful marble statue
Güzel bir mermer heykel olmasına rağmen
It was the representation of a handsome boy
Yakışıklı bir çocuğun temsiliydi
it had been carved out of pure white stone
Saf beyaz taştan oyulmuştu
and it had fallen to the bottom of the sea from a wreck
ve bir enkazdan denizin dibine düşmüştü
this marble statue of a boy she cared about too
Onun da değer verdiği bir çocuğun bu mermer heykeli

She planted, by the statue, a rose-colored weeping willow
Heykelin yanına gül renginde ağlayan bir söğüt dikti
and soon the willow hung its fresh branches over the statue
Ve kısa süre sonra söğüt taze dallarını heykelin üzerine astı
the branches almost reached down to the blue sands
Dallar neredeyse mavi kumlara kadar uzanıyordu
The shadows of the tree had the color of violet
Ağacın gölgeleri menekşe rengindeydi
and the shadows waved to and fro like the branches
Ve gölgeler dallar gibi ileri geri sallandı
all of this created the most interesting illusion

Bütün bunlar en ilginç yanılsamayı yarattı
as if the crown of the tree and the roots were playing
Sanki ağacın tepesi ve kökleri oynuyormuş gibi
it looked as if they were trying to kiss each other
Sanki birbirlerini öpmeye çalışıyorlarmış gibi görünüyordu

her greatest pleasure was hearing about the world above
En büyük zevki yukarıdaki dünyayı duymaktı
the world above the deep sea she lived in
Yaşadığı derin denizin üstündeki dünya
She made her old grandmother tell her all about it
Yaşlı büyükannesine her şeyi anlattırdı
the ships and the towns, the people and the animals
Gemiler ve kasabalar, insanlar ve hayvanlar
up there the flowers of the land had fragrance
Orada toprağın çiçekleri kokuyordu
the flowers below the sea had no fragrance
Denizin altındaki çiçeklerin kokusu yoktu
up there the trees of the forest were green
Yukarıda, ormanın ağaçları yemyeşildi
and the fishes in the trees could sing beautifully
Ve ağaçlardaki balıklar çok güzel şarkı söyleyebiliyordu
up there it was a pleasure to listen to the fish
Orada balıkları dinlemek bir zevkti
her grandmother called the birds fishes
Büyükannesi kuşlara balık adını verdi
else the little mermaid would not have understood
yoksa küçük deniz kızı anlamazdı
because the little mermaid had never seen birds
Çünkü küçük deniz kızı hiç kuş görmemişti

her grandmother told her about the rites of mermaids
Büyükannesi ona deniz kızlarının ayinlerinden bahsetti
"one day you will reach your fifteenth year"
"Bir gün on beşinci yaşına ulaşacaksın"
"then you will have permission to go to the surface"
"O zaman yüzeye çıkma izniniz olacak"

"you will be able to sit on the rocks in the moonlight"
"Ay ışığında kayaların üzerinde oturabileceksiniz"
"and you will see the great ships go sailing by"
"Ve büyük gemilerin yelken açtığını göreceksin"
"Then you will see forests and towns and the people"
"O zaman ormanları, kasabaları ve insanları göreceksiniz"

the following year one of the sisters would be fifteen
Ertesi yıl kız kardeşlerden biri on beş yaşında olacaktı
but each sister was a year younger than the other
Ama her kız kardeş diğerinden bir yaş küçüktü
the youngest would have to wait five years before her turn
En küçüğü sırasını almadan önce beş yıl beklemek zorunda kalacaktı
only then could she rise up from the bottom of the ocean
Ancak o zaman okyanusun dibinden yükselebilirdi
and only then could she see the earth as we do
Ve ancak o zaman dünyayı bizim gibi görebiliyordu
However, each of the sisters made each other a promise
Ancak, kız kardeşlerin her biri birbirlerine bir söz verdi
they were going to tell the others what they had seen
Gördüklerini diğerlerine anlatacaklardı
Their grandmother could not tell them enough
Büyükanneleri onlara yeterince anlatamadı
there were so many things they wanted to know about
Bilmek istedikleri o kadar çok şey vardı ki

the youngest sister longed for her turn the most
En küçük kız kardeş en çok sırasını özledi
but, she had to wait longer than all the others
Ama diğerlerinden daha uzun süre beklemek zorunda kaldı
and she was so quiet and thoughtful about the world
Ve dünya hakkında çok sessiz ve düşünceliydi
there were many nights where she stood by the open window
Açık pencerenin yanında durduğu birçok gece vardı
and she looked up through the dark blue water

Ve koyu mavi suya baktı
and she watched the fish as they splashed with their fins
Ve yüzgeçleriyle sıçrayan balıkları izledi
She could see the moon and stars shining faintly
Ayın ve yıldızların hafifçe parladığını görebiliyordu
but from deep below the water these things look different
Ama suyun derinliklerinden bu şeyler farklı görünüyor
the moon and stars looked larger than they do to our eyes
Ay ve yıldızlar gözümüze olduğundan daha büyük görünüyordu
sometimes, something like a black cloud went past
Bazen, kara bulut gibi bir şey geçti
she knew that it could be a whale swimming over her head
Başının üzerinde yüzen bir balina olabileceğini biliyordu
or it could be a ship, full of human beings
Ya da insanlarla dolu bir gemi olabilir
human beings who couldn't imagine what was under them
altında ne olduğunu hayal edemeyen insanlar
a pretty little mermaid holding out her white hands
beyaz ellerini uzatan küçük güzel bir deniz kızı
a pretty little mermaid reaching towards their ship
Gemilerine doğru uzanan sevimli küçük bir deniz kızı

the day came when the eldest had her fifteenth birthday
En büyüğünün on beşinci doğum gününü kutladığı gün geldi
now she was allowed to rise to the surface of the ocean
Şimdi okyanusun yüzeyine çıkmasına izin verildi
and that night she swum up to the surface
Ve o gece yüzeye kadar yüzdü
you can imagine all the things she saw up there
Orada gördüğü her şeyi hayal edebilirsiniz
and you can imagine all the things she had to talk about
Ve onun hakkında konuşmak zorunda olduğu her şeyi hayal edebilirsiniz
But the finest thing, she said, was to lie on a sand bank
Ama en güzel şeyin, bir kum bankasında yatmak olduğunu söyledi

in the quiet moonlit sea, near the shore
Sessiz mehtaplı denizde, kıyıya yakın
from there she had gazed at the lights on the land
Oradan karadaki ışıklara bakmıştı
they were the lights of the near-by town
Onlar yakındaki kasabanın ışıklarıydı
the lights had twinkled like hundreds of stars
Işıklar yüzlerce yıldız gibi parıldamıştı
she had listened to the sounds of music from the town
Kasabadan gelen müzik seslerini dinlemişti
she had heard noise of carriages drawn by their horses
Atlarının çektiği arabaların gürültüsünü duymuştu
and she had heard the voices of human beings
Ve insanların seslerini duymuştu
and the had heard merry pealing of the bells
ve çanların neşeli bir şekilde çalındığını duymuşlardı
the bells ringing in the church steeples
Kilise kulelerinde çalan çanlar
but she could not go near all these wonderful things
Ama tüm bu harika şeylerin yanına gidemedi
so she longed for these wonderful things all the more
Bu yüzden bu harika şeyleri daha çok özledi

you can imagine how eagerly the youngest sister listened
En küçük kız kardeşin ne kadar hevesle dinlediğini tahmin edebilirsiniz
the descriptions of the upper world were like a dream
Üst dünyanın tasvirleri bir rüya gibiydi
afterwards she stood at the open window of her room
Daha sonra odasının açık penceresinde durdu
and she looked to the surface, through the dark-blue water
Ve koyu mavi suyun içinden yüzeye baktı
she thought of the great city her sister had told her of
Kız kardeşinin ona bahsettiği büyük şehri düşündü
the great city with all its bustle and noise
Tüm koşuşturması ve gürültüsüyle büyük şehir
she even fancied she could hear the sound of the bells

Çanların sesini duyabildiğini bile hayal etti
she imagined their sound carried to the depths of the sea
Seslerinin denizin derinliklerine taşındığını hayal etti

after another year the second sister had her birthday
Bir yıl sonra ikinci kız kardeşin doğum günü vardı
she too received permission to rise to the surface
O da yüzeye çıkmak için izin aldı
and from there she could swim about where she pleased
Ve oradan istediği yerde yüzebilirdi
She had gone to the surface just as the sun was setting
Güneş batarken yüzeye çıkmıştı
this, she said, was the most beautiful sight of all
Bunun, en güzel manzara olduğunu söyledi
The whole sky looked like a disk of pure gold
Bütün gökyüzü saf altından bir disk gibi görünüyordu
and there were violet and rose-colored clouds
ve menekşe ve gül renkli bulutlar vardı
they were too beautiful to describe, she said
tarif edilemeyecek kadar güzellerdi, dedi
and she said how the clouds drifted across the sky
Ve bulutların gökyüzünde nasıl sürüklendiğini söyledi
and something had flown by more swiftly than the clouds
Ve bir şey bulutlardan daha hızlı uçup gitmişti
a large flock of wild swans flew toward the setting sun
Büyük bir vahşi kuğu sürüsü batan güneşe doğru uçtu
the swans had been like a long white veil across the sea
Kuğular denizin üzerinde uzun beyaz bir örtü gibiydi
She had also tried to swim towards the sun
Güneşe doğru yüzmeyi de denemişti
but some distance away the sun sank into the waves
Ama biraz ötede güneş dalgalara battı
she saw how the rosy tints faded from the clouds
Pembe renk tonlarının bulutlardan nasıl solduğunu gördü
and she saw how the colour had also faded from the sea
Ve denizden rengin nasıl solduğunu gördü

the next year it was the third sister's turn
Ertesi yıl sıra üçüncü kız kardeşe geldi
this sister was the boldest of all the sisters
Bu kız kardeş, tüm kız kardeşlerin en cesuruydu
she swam up a broad river that emptied into the sea
Denize dökülen geniş bir nehirde yüzdü
On the banks of the river she saw green hills
Nehrin kıyısında yeşil tepeler gördü
the green hills were covered with beautiful vines
Yeşil tepeler güzel sarmaşıklarla kaplıydı
and on the hills there were forests of trees
Ve tepelerde ağaç ormanları vardı
and out of the forests palaces and castles poked out
ve ormanlardan saraylar ve kaleler çıktı
She had heard birds singing in the trees
Ağaçlarda kuşların öttüğünü duymuştu
and she had felt the rays of the sun on her skin
Ve güneş ışınlarını teninde hissetmişti
the rays were so strong that she had to dive back
Işınlar o kadar güçlüydü ki geri dalmak zorunda kaldı
and she cooled her burning face in the cool water
Ve yanan yüzünü serin suda soğuttu
In a narrow creek she found a group of little children
Dar bir derede bir grup küçük çocuk buldu
they were the first human children she had ever seen
Onlar gördüğü ilk insan çocuklarıydı
She wanted to play with the children too
O da çocuklarla oynamak istedi
but the children fled from her in a great fright
Ama çocuklar büyük bir korku içinde ondan kaçtılar
and then a little black animal came to the water
Ve sonra suya küçük siyah bir hayvan geldi
it was a dog, but she did not know it was a dog
Bu bir köpekti, ama onun bir köpek olduğunu bilmiyordu
because she had never seen a dog before
Çünkü daha önce hiç köpek görmemişti
and the dog barked at the mermaid furiously

Ve köpek denizkızına öfkeyle havladı
she became frightened and rushed back to the open sea
Korktu ve açık denize geri döndü
But she said she should never forget the beautiful forest
Ama o güzel ormanı asla unutmaması gerektiğini söyledi
the green hills and the pretty children
Yeşil Tepeler ve Güzel Çocuklar
she found it exceptionally funny how they swam
Nasıl yüzdüklerini son derece komik buldu
because the little human children didn't have tails
Çünkü küçük insan çocuklarının kuyrukları yoktu
so with their little legs they kicked the water
Bu yüzden küçük bacaklarıyla suyu tekmelediler

The fourth sister was more timid than the last
Dördüncü kız kardeş öncekinden daha çekingendi
She had decided to stay in the midst of the sea
Denizin ortasında kalmaya karar vermişti
but she said it was as beautiful there as nearer the land
ama orasının karaya daha yakın olduğu kadar güzel olduğunu söyledi
from the surface she could see many miles around her
Yüzeyden etrafındaki kilometrelerce şeyi görebiliyordu
the sky above her looked like a bell of glass
Üstündeki gökyüzü camdan bir çan gibi görünüyordu
and she had seen the ships sail by
ve gemilerin yelken açtığını görmüştü
but they were at a very great distance from her
ama ondan çok uzaktaydılar
and, with their sails, they looked like sea gulls
Ve yelkenleriyle martılara benziyorlardı
she saw how the dolphins played in the waves
Yunusların dalgalarda nasıl oynadığını gördü
and great whales spouted water from their nostrils
ve büyük balinalar burun deliklerinden su fışkırttı
like a hundred fountains all playing together
Hep birlikte oynayan yüzlerce çeşme gibi

The fifth sister's birthday occurred in the winter
Beşinci kız kardeşin doğum günü kışın gerçekleşti
so she saw things that the others had not seen
Böylece diğerlerinin görmediği şeyleri gördü
at this time of the year the sea looked green
Yılın bu zamanında deniz yeşil görünüyordu
large icebergs were floating on the green water
Yeşil suların üzerinde büyük buzdağları yüzüyordu
and each iceberg looked like a pearl, she said
Ve her buzdağı bir inci gibi görünüyordu, dedi
but they were larger and loftier than the churches
ama kiliselerden daha büyük ve daha yüceydiler
and they were of the most interesting shapes
Ve en ilginç şekillerdeydiler
and each iceberg glittered like diamonds
Ve her buzdağı elmas gibi parlıyordu
She had seated herself on one of the icebergs
Buzdağlarından birinin üzerine oturmuştu
and she let the wind play with her long hair
Ve rüzgarın uzun saçlarıyla oynamasına izin verdi
She noticed something interesting about the ships
Gemiler hakkında ilginç bir şey fark etti
all the ships sailed past the icebergs very rapidly
Tüm gemiler buzdağlarını çok hızlı bir şekilde geçti
and they steered away as far as they could
Ve ellerinden geldiğince uzaklaştılar
it was as if they were afraid of the iceberg
Sanki buzdağından korkuyorlardı
she stayed out at sea into the evening
Akşama kadar denizde kaldı
the sun went down and dark clouds covered the sky
Güneş battı ve kara bulutlar gökyüzünü kapladı
the thunder rolled across the ocean of icebergs
Gök gürültüsü buzdağları okyanusunda yuvarlandı
and the flashes of lightning glowed red on the icebergs
Ve şimşek çakmaları buzdağlarının üzerinde kırmızı parlıyordu
and they were tossed about by the heaving sea

ve kabaran deniz tarafından savruldular
all the ships the sails were trembling with fear
Bütün gemiler, yelkenler korkudan titriyordu
and the mermaid sat calmly on the floating iceberg
Ve deniz kızı sakince yüzen buzdağının üzerine oturdu
she watched the lightning strike into the sea
Denize düşen yıldırımı izledi

All of her five older sisters had grown up now
Beş ablasının hepsi artık büyümüştü
therefore they could go to the surface when they pleased
bu nedenle istedikleri zaman yüzeye çıkabilirlerdi
at first they were delighted with the surface world
İlk başta yüzey dünyasından çok memnun kaldılar
they couldn't get enough of the new and beautiful sights
Yeni ve güzel manzaralara doyamadılar
but eventually they all grew indifferent towards it
Ama sonunda hepsi buna karşı kayıtsız kaldı
and after a month they didn't visit much at all anymore
Ve bir ay sonra artık pek ziyaret etmediler
they told their sister it was much more beautiful at home
Kız kardeşlerine evin çok daha güzel olduğunu söylediler

Yet often, in the evening hours, they did go up
Yine de çoğu zaman, akşam saatlerinde, yukarı çıktılar
the five sisters twined their arms about each other
Beş kız kardeş kollarını birbirlerine doladılar
and together, arm in arm, they rose to the surface
Ve birlikte, kol kola, yüzeye çıktılar
often they went up when there was a storm approaching
Genellikle yaklaşan bir fırtına olduğunda yukarı çıktılar
they feared that the storm might win a ship
Fırtınanın bir gemiyi kazanabileceğinden korkuyorlardı
so they swam to the vessel and sung to the sailors
Böylece gemiye yüzdüler ve denizcilere şarkı söylediler
Their voices were more charming than that of any human
Sesleri herhangi bir insanınkinden daha çekiciydi

and they begged the voyagers not to fear if they sank
Ve yolculara batarlarsa korkmamaları için yalvardılar
because the depths of the sea was full of delights
Çünkü denizin derinlikleri lezzetlerle doluydu
But the sailors could not understand their songs
Ancak denizciler şarkılarını anlayamadılar
and they thought their singing was the sighing of the storm
Ve şarkı söylemelerinin fırtınanın iç çekişi olduğunu düşündüler
therefore their songs were never beautiful to the sailors
bu nedenle şarkıları denizciler için hiçbir zaman güzel olmadı
because if the ship sank the men would drown
Çünkü gemi batarsa adamlar boğulurdu
the dead gained nothing from the palace of the Sea King
ölüler Deniz Kralı'nın sarayından hiçbir şey kazanmadılar
but their youngest sister was left at the bottom of the sea
Ama en küçük kız kardeşleri denizin dibinde kaldı
looking up at them, she was ready to cry
Onlara baktığında ağlamaya hazırdı
you should know mermaids have no tears that they can cry
Deniz kızlarının ağlayabilecekleri gözyaşları olmadığını bilmelisin
so her pain and suffering was more acute than ours
Bu yüzden onun acısı ve ıstırabı bizimkinden daha şiddetliydi
"Oh, I wish I was also fifteen years old!" said she
"Ah, keşke ben de on beş yaşında olsaydım!" dedi
"I know that I shall love the world up there"
"Oradaki dünyayı seveceğimi biliyorum"
"and I shall love all the people who live in that world"
"ve o dünyada yaşayan tüm insanları seveceğim"

but, at last, she too reached her fifteenth year
Ama sonunda o da on beşinci yaşına ulaştı
"Well, now you are grown up," said her grandmother
"Eh, şimdi büyüdün," dedi büyükannesi
"Come, and let me adorn you like your sisters"
"Gel seni kız kardeşlerin gibi süsleyeyim"

And she placed a wreath of white lilies in her hair
Ve saçına beyaz zambaklardan bir çelenk koydu
every petal of the lilies was half a pearl
Zambakların her yaprağı yarım inciydi
Then, the old lady ordered eight great oysters to come
Sonra yaşlı kadın sekiz büyük istiridyenin gelmesini emretti
the oysters attached themselves to the tail of the princess
İstiridyeler kendilerini prensesin kuyruğuna bağladılar
under the sea oysters are used to show your rank
Denizin altında istiridyeler rütbenizi göstermek için kullanılır
"But they hurt me so," said the little mermaid
"Ama beni çok incittiler," dedi küçük deniz kızı
"Yes, I know oysters hurt," replied the old lady
"Evet, istiridyelerin acıttığını biliyorum," diye yanıtladı yaşlı kadın
"but you know very well that pride must suffer pain"
"Ama sen çok iyi biliyorsun ki gurur acı çekmeli"
how gladly she would have shaken off all this grandeur
Tüm bu ihtişamı ne kadar da sevinçle silkeleyecekti
she would have loved to lay aside the heavy wreath!
Ağır çelengi bir kenara bırakmayı çok isterdi!
she thought of the red flowers in her own garden
Kendi bahçesindeki kırmızı çiçekleri düşündü
the red flowers would have suited her much better
Kırmızı çiçekler ona çok daha çok yakışırdı
But she could not change herself into something else
Ama kendini başka bir şeye dönüştüremedi
so she said farewell to her grandmother and sisters
Bu yüzden büyükannesine ve kız kardeşlerine veda etti
and, as lightly as a bubble, she rose to the surface
Ve bir baloncuk kadar hafifçe, yüzeye yükseldi

The sun had just set when she raised her head above the waves
Başını dalgaların üzerine kaldırdığında güneş daha yeni batmıştı
The clouds were tinted with crimson and gold from the

sunset
Bulutlar gün batımından kızıl ve altınla renklendirildi
and through the glimmering twilight beamed the evening star
Ve parıldayan alacakaranlıkta akşam yıldızı parladı
The sea was calm, and the sea air was mild and fresh
Deniz sakindi ve deniz havası ılıman ve tazeydi
A large ship with three masts lay becalmed on the water
Üç direkli büyük bir gemi suyun üzerinde yatıyordu
only one sail was set, for not a breeze stirred
Sadece bir yelken açıldı, çünkü tek bir esinti bile kıpırdamadı
and the sailors sat idle on deck, or amidst the rigging
ve denizciler güvertede ya da armanın ortasında boşta oturuyorlardı
There was music and song on board of the ship
Gemide müzik ve şarkı vardı
as darkness came a hundred colored lanterns were lighted
Karanlık çöktüğünde yüz renkli fener yakıldı
it was as if the flags of all nations waved in the air
Sanki bütün milletlerin bayrakları havada dalgalanıyordu

The little mermaid swam close to the cabin windows
Küçük deniz kızı kabin pencerelerine yakın yüzdü
now and then the waves of the sea lifted her up
Ara sıra denizin dalgaları onu yukarı kaldırdı
she could look in through the glass window-panes
Cam pencere camlarından içeri bakabiliyordu
and she could see a number of curiously dressed people
Ve meraklı bir şekilde giyinmiş birkaç insan görebiliyordu
Among the people she could see there was a young prince
Görebildiği insanlar arasında genç bir prens vardı
the prince was the most beautiful of them all
Prens içlerinde en güzeliydi
she had never seen anyone with such beautiful eyes
Hiç bu kadar güzel gözleri olan birini görmemişti
it was the celebration of his sixteenth birthday
On altıncı doğum gününün kutlamasıydı

The sailors were dancing on the deck of the ship
Denizciler geminin güvertesinde dans ediyorlardı
all cheered when the prince came out of the cabin
Prens kabinden çıktığında herkes tezahürat yaptı
and more than a hundred rockets rose into the air
Ve yüzden fazla roket havaya yükseldi
for some time the fireworks made the sky as bright as day
Bir süre havai fişekler gökyüzünü gün gibi parlak hale getirdi
of course our young mermaid had never seen fireworks before
Tabii ki genç deniz kızımız daha önce hiç havai fişek görmemişti
startled by all the noise, she dived back under water
Tüm gürültüden ürkerek tekrar suyun altına daldı
but soon she again stretched out her head
Ama kısa süre sonra tekrar başını uzattı
it was as if all the stars of heaven were falling around her
Sanki cennetin tüm yıldızları onun etrafına düşüyordu
splendid fireflies flew up into the blue air
Muhteşem ateşböcekleri mavi havaya uçtu
and everything was reflected in the clear, calm sea
Ve her şey berrak, sakin denize yansıdı
The ship itself was brightly illuminated by all the light
Geminin kendisi tüm ışıkla parlak bir şekilde aydınlatıldı
she could see all the people and even the smallest rope
Tüm insanları ve hatta en küçük ipi bile görebiliyordu
How handsome the young prince looked thanking his guests!
Genç prens misafirlerine teşekkür ederken ne kadar yakışıklı görünüyordu!
and the music resounded through the clear night air!
Ve müzik berrak gece havasında yankılandı!

the birthday celebrations lasted late into the night
Doğum günü kutlamaları gece geç saatlere kadar sürdü
but the little mermaid could not take her eyes from the ship
Ama küçük deniz kızı gözlerini gemiden alamadı

nor could she take her eyes from the beautiful prince
Gözlerini güzel prensten de alamıyordu
The colored lanterns had now been extinguished
Renkli fenerler artık sönmüştü
and there were no more rockets that rose into the air
Ve havaya yükselen roketler kalmadı
the cannon of the ship had also ceased firing
Geminin topu da ateşi kesilmişti
but now it was the sea that became restless
Ama şimdi huzursuz olan denizdi
a moaning, grumbling sound could be heard beneath the waves
Dalgaların altında bir inilti, homurdanma sesi duyulabiliyordu
and yet, the little mermaid remained by the cabin window
Ve yine de, küçük deniz kızı kabin penceresinin yanında kaldı
she was rocking up and down on the water
Suyun üzerinde bir aşağı bir yukarı sallanıyordu
so that she could keep looking into the ship
böylece gemiye bakmaya devam edebildi
After a while the sails were quickly set
Bir süre sonra yelkenler hızla açıldı
and the ship went on her way back to port
Ve gemi limana geri döndü

But soon the waves rose higher and higher
Ama kısa süre sonra dalgalar daha da yükseldi
dark, heavy clouds darkened the night sky
Karanlık, ağır bulutlar gece gökyüzünü kararttı
and there appeared flashes of lightning in the distance
Ve uzakta şimşek çaktı.
not far away a dreadful storm was approaching
Çok uzakta olmayan korkunç bir fırtına yaklaşıyordu
Once more the sails were lowered against the wind
Yelkenler bir kez daha rüzgara karşı indirildi
and the great ship pursued her course over the raging sea
Ve büyük gemi azgın denizde yoluna devam etti
The waves rose as high as the mountains

Dalgalar dağlara kadar yükseldi
one would have thought the waves would have had the ship
Dalgaların gemiye sahip olacağı düşünülürdü
but the ship dived like a swan between the waves
Ama gemi dalgaların arasına bir kuğu gibi daldı
then she rose again on their lofty, foaming crests
Sonra onların yüksek, köpüren tepelerinde tekrar yükseldi
To the little mermaid this was pleasant sport
Küçük deniz kızı için bu hoş bir spordu
but it was not pleasant sport to the sailors
Ancak denizciler için hoş bir spor değildi
the ship made awful groaning and creaking sounds
Gemi korkunç inilti ve gıcırtı sesleri çıkardı
and the waves broke over the deck again and again
Ve dalgalar güverteyi tekrar tekrar kırdı
the thick planks gave way under the lashing of the sea
Kalın kalaslar denizin kırbaçları altında yol açtı
under the pressure the mainmast snapped asunder, like a reed
Basınç altında ana direk bir kamış gibi parçalandı
and, as the ship lay over on her side, the water rushed in
Ve gemi yan yatarken, su içeri girdi

The little mermaid realized that the crew were in danger
Küçük deniz kızı, mürettebatın tehlikede olduğunu fark etti
her own situation wasn't without danger either
Kendi durumu da tehlikesiz değildi
she had to avoid the beams and planks scattered in the water
Suya dağılmış kirişlerden ve kalaslardan kaçınmak zorunda kaldı
for a moment everything turned into complete darkness
Bir an için her şey tamamen karanlığa büründü
and the little mermaid could not see where she was
Ve küçük deniz kızı onun nerede olduğunu göremedi
but then a flash of lightning revealed the whole scene
Ama sonra bir şimşek çakması tüm sahneyi ortaya çıkardı

she could see everyone was still on board of the ship
Herkesin hala gemide olduğunu görebiliyordu
well, everyone was on board of the ship, except the prince
Prens hariç herkes gemideydi
the ship continued on its path to the land
Gemi karaya doğru yoluna devam etti
and she saw the prince sink into the deep waves
Ve prensin derin dalgalara battığını gördü
for a moment this made her happier than it should have
Bir an için bu onu olması gerekenden daha mutlu etti
now that he was in the sea she could be with him
Artık denizde olduğuna göre, onunla birlikte olabilirdi
Then she remembered the limits of human beings
Sonra insanoğlunun sınırlarını hatırladı
the people of the land cannot live in the water
Toprak halkı suda yaşayamaz
if he got to the palace he would already be dead
Saraya varsaydı çoktan ölmüş olurdu
"No, he must not die!" she decided
"Hayır, ölmemeli!" diye karar verdi
she forget any concern for her own safety
Kendi güvenliğiyle ilgili herhangi bir endişeyi unutuyor
and she swam through the beams and planks
Ve kirişlerin ve kalasların arasından yüzdü
two beams could easily crush her to pieces
iki kiriş onu kolayca parçalara ayırabilir
she dove deep under the dark waters
Karanlık suların derinliklerine daldı
everything rose and fell with the waves
Her şey dalgalarla yükseldi ve düştü
finally, she managed to reach the young prince
Sonunda genç prense ulaşmayı başardı
he was fast losing the power to swim in the stormy sea
Fırtınalı denizde yüzme gücünü hızla kaybediyordu
His limbs were starting to fail him
Uzuvları onu başarısızlığa uğratmaya başlamıştı
and his beautiful eyes were closed

Ve güzel gözleri kapalıydı
he would have died had the little mermaid not come
Küçük deniz kızı gelmeseydi ölecekti
She held his head above the water
Başını suyun üzerinde tuttu
and let the waves carry them where they wanted
Ve dalgaların onları istedikleri yere taşımasına izin verin

In the morning the storm had ceased
Sabah fırtına dinmişti
but of the ship not a single fragment could be seen
Ancak geminin tek bir parçası bile görülemedi
The sun came up, red and shining, out of the water
Güneş sudan kırmızı ve parıldayarak çıktı
the sun's beams had a healing effect on the prince
Güneş ışınlarının prens üzerinde iyileştirici bir etkisi oldu
the hue of health returned to the prince's cheeks
Sağlığın tonu prensin yanaklarına geri döndü
but despite the sun, his eyes remained closed
Ama güneşe rağmen gözleri kapalı kaldı
The mermaid kissed his high, smooth forehead
Deniz kızı onun yüksek, pürüzsüz alnından öptü
and she stroked back his wet hair
Ve ıslak saçlarını geriye doğru okşadı
He seemed to her like the marble statue in her garden
Ona bahçesindeki mermer heykel gibi göründü
so she kissed him again, and wished that he lived
Bu yüzden onu tekrar öptü ve yaşamasını diledi

Presently, they came in sight of land
Şu anda karayı gördüler
and she saw lofty blue mountains on the horizon
Ve ufukta yüce mavi dağlar gördü
on top of the mountains the white snow rested
Dağların tepesinde bembeyaz kar dinlendi
as if a flock of swans were lying upon them
sanki üzerlerinde bir kuğu sürüsü yatıyormuş gibi

Beautiful green forests were near the shore
Güzel yeşil ormanlar kıyıya yakındı
and close by there stood a large building
Ve yakınlarda büyük bir bina vardı
it could have been a church or a convent
Bir kilise ya da manastır olabilirdi
but she was still too far away to be sure
Ama yine de emin olamayacak kadar uzaktaydı
Orange and citron trees grew in the garden
Bahçede portakal ve ağaç kavunu ağaçları büyüdü
and before the door stood lofty palms
Ve kapının önünde yüce palmiyeler duruyordu
The sea here formed a little bay
Buradaki deniz küçük bir koy oluşturuyordu
in the bay the water lay quiet and still
Körfezde su sessiz ve hareketsiz yatıyordu
but although the water was still, it was very deep
Ama su durgun olmasına rağmen çok derindi
She swam with the handsome prince to the beach
Yakışıklı prensle sahile yüzdü
the beach was covered with fine white sand
Plaj ince beyaz kumla kaplıydı
and there she laid him in the warm sunshine
Ve orada onu sıcak güneş ışığına yatırdı
she took care to raise his head higher than his body
Başını vücudundan daha yükseğe kaldırmaya özen gösterdi
Then bells sounded in the large white building
Sonra büyük beyaz binada çanlar çaldı
some young girls came into the garden
Bazı genç kızlar bahçeye geldi
The little mermaid swam out farther from the shore
Küçük deniz kızı kıyıdan daha uzağa yüzdü
she hid herself among some high rocks in the water
Kendini sudaki yüksek kayaların arasına sakladı
she Covered her head and neck with the foam of the sea
başını ve boynunu denizin köpüğüyle kapladı
and she watched to see what would become of the poor

prince
Ve zavallı prense ne olacağını görmek için izledi

It was not long before she saw a young girl approach
Genç bir kızın yaklaştığını görmesi çok uzun sürmedi
the young girl seemed frightened, at first
Genç kız ilk başta korkmuş görünüyordu
but her fear only lasted for a moment
Ama korkusu sadece bir an sürdü
then she brought over a number of people
Sonra birkaç kişiyi getirdi
and the mermaid saw that the prince came to life again
Ve deniz kızı prensin yeniden canlandığını gördü
he smiled upon those who stood around him
Etrafında duranlara gülümsedi
But to the little mermaid the prince sent no smile
Ama prens küçük deniz kızına gülümsemedi
he knew not that she had saved him
Onu kurtardığını bilmiyordu
This made the little mermaid very sorrowful
Bu, küçük deniz kızını çok üzdü
and then he was led away into the great building
Ve sonra büyük binaya götürüldü
and the little mermaid dived down into the water
Ve küçük deniz kızı suya daldı
and she returned to her father's castle
Ve babasının şatosuna döndü

She had always been the most silent and thoughtful
Her zaman en sessiz ve düşünceli olmuştu
and now she was more silent and thoughtful than ever
Ve şimdi her zamankinden daha sessiz ve düşünceliydi
Her sisters asked her what she had seen on her first visit
Kız kardeşleri ona ilk ziyaretinde ne gördüğünü sordu
but she could tell them nothing of what she had seen
Ama onlara gördükleri hakkında hiçbir şey söyleyemedi
Many an evening and morning she returned to the surface

Birçok akşam ve sabah yüzeye döndü
and she went to the place where she had left the prince
Ve prensi bıraktığı yere gitti
She saw the fruits in the garden ripen
Bahçedeki meyvelerin olgunlaştığını gördü
and she watched the fruits gathered from their trees
Ve ağaçlarından toplanan meyveleri izledi
she watched the snow on the mountain tops melt away
Dağın tepelerindeki karların eriyip gitmesini izledi
but on none of her visits did she see the prince again
Ancak ziyaretlerinin hiçbirinde prensi bir daha görmedi
and therefore she always returned more sorrowful than before
ve bu nedenle her zaman eskisinden daha kederli bir şekilde geri döndü

her only comfort was sitting in her own little garden
Tek tesellisi kendi küçük bahçesinde oturmaktı
she flung her arms around the beautiful marble statue
Kollarını güzel mermer heykelin etrafında savurdu
the statue which looked just like the prince
Tıpkı prense benzeyen heykel
She had given up tending to her flowers
Çiçeklerine bakmaktan vazgeçmişti
and her garden grew in wild confusion
ve bahçesi vahşi bir karmaşa içinde büyüdü
they twinied their long leaves and stems round the trees
Uzun yapraklarını ve saplarını ağaçların etrafına doladılar
so that the whole garden became dark and gloomy
Böylece tüm bahçe karanlık ve kasvetli hale geldi

eventually she could bear it no longer
Sonunda daha fazla dayanamadı
and she told one of her sisters all about it
Ve kız kardeşlerinden birine her şeyi anlattı
soon the other sisters heard the secret
Kısa süre sonra diğer kız kardeşler sırrı duydu

and very soon her secret became known to several maids
Ve çok geçmeden sırrı birkaç hizmetçi tarafından öğrenildi
one of the maids had a friend who knew about the prince
Hizmetçilerden birinin prensi bilen bir arkadaşı vardı
She had also seen the festival on board the ship
Festivali gemide de görmüştü
and she told them where the prince came from
Ve onlara prensin nereden geldiğini söyledi
and she told them where his palace stood
Ve onlara sarayının nerede durduğunu söyledi

"Come, little sister," said the other princesses
"Gel, küçük kız kardeşim," dedi diğer prensesler
they entwined their arms and rose up together
Kollarını birbirine doladılar ve birlikte ayağa kalktılar
they went near to where the prince's palace stood
Prensin sarayının bulunduğu yere yaklaştılar
the palace was built of bright-yellow, shining stone
Saray parlak sarı, parlayan taştan inşa edilmiştir
and the palace had long flights of marble steps
ve sarayın uzun mermer basamakları vardı
one of the flights of steps reached down to the sea
Merdivenlerden biri denize kadar uzandı
Splendid gilded cupolas rose over the roof
Çatının üzerinde görkemli yaldızlı kubbeler yükseldi
the whole building was surrounded by pillars
Bütün bina sütunlarla çevriliydi
and between the pillars stood lifelike statues of marble
ve sütunların arasında gerçeğe yakın mermer heykeller duruyordu
they could see through the clear crystal of the windows
Pencerelerin berrak kristalinin arkasını görebiliyorlardı
and they could look into the noble rooms
Ve soylu odalara bakabilirlerdi
costly silk curtains and tapestries hung from the ceiling
tavandan sarkan pahalı ipek perdeler ve duvar halıları
and the walls were covered with beautiful paintings

Ve duvarlar güzel resimlerle kaplıydı
In the centre of the largest salon was a fountain
En büyük salonun ortasında bir çeşme vardı
the fountain threw its sparkling jets high up
Çeşme pırıl pırıl fışkırdı.
the water splashed onto the glass cupola of the ceiling
Tavanın cam kubbesine sıçrayan su
and the sun shone in through the water
Ve güneş suyun içinden parladı
and the water splashed on the plants around the fountain
ve su çeşmenin etrafındaki bitkilere sıçradı

Now the little mermaid knew where the prince lived
Artık küçük deniz kızı prensin nerede yaşadığını biliyordu
so she spent many a night on those waters
Bu yüzden o sularda birçok gece geçirdi
she got more courageous than her sisters had been
Kız kardeşlerinden daha cesur oldu
and she swam much nearer the shore than they had
ve kıyıya onlardan çok daha yakın yüzdü
once she went up the narrow channel, under the marble balcony
Bir keresinde mermer balkonun altındaki dar kanala çıktı
the balcony threw a broad shadow on the water
Balkon suya geniş bir gölge attı
Here she sat and watched the young prince
Burada oturdu ve genç prensi izledi
he, of course, thought he was alone in the bright moonlight
Tabii ki, parlak ay ışığında yalnız olduğunu düşündü

She often saw him evenings, sailing in a beautiful boat
Onu sık sık akşamları güzel bir teknede yelken açarken görürdü
music sounded from the boat and the flags waved
Tekneden müzik sesi geldi ve bayraklar dalgalandı
She peeped out from among the green rushes
Yeşil koşuşturmaların arasından dışarı baktı

at times the wind caught her long silvery-white veil
Zaman zaman rüzgar onun uzun gümüşi beyaz peçesini yakaladı
those who saw it believed it to be a swan
Onu görenler onun bir kuğu olduğuna inandılar
it had all the appearance of a swan spreading its wings
Kanatlarını açmış bir kuğu görünümündeydi

Many a night, too, she watched the fishermen set their nets
Birçok gece de balıkçıların ağlarını kurmasını izledi
they cast their nets in the light of their torches
Meşalelerinin ışığında ağlarını attılar
and she heard them tell many good things about the prince
Ve prens hakkında birçok iyi şey anlattıklarını duydu
this made her glad that she had saved his life
Bu, hayatını kurtardığı için onu mutlu etti
when he was tossed around half dead on the waves
Dalgaların üzerinde yarı ölü olarak savrulduğunda
She remembered how his head had rested on her bosom
Başının göğsüne nasıl dayandığını hatırladı
and she remembered how heartily she had kissed him
Ve onu ne kadar yürekten öptüğünü hatırladı
but he knew nothing of all that had happened
ama olan biten her şeyden habersizdi
the young prince could not even dream of the little mermaid
Genç prens küçük deniz kızını hayal bile edemedi

She grew to like human beings more and more
İnsanları giderek daha çok sevmeye başladı
she wished more and more to be able to wander their world
Onların dünyasında dolaşabilmeyi giderek daha fazla diliyordu
their world seemed to be so much larger than her own
Onların dünyası onunkinden çok daha büyük görünüyordu
They could fly over the sea in ships
Gemilerde deniz üzerinde uçabilirlerdi
and they could mount the high hills far above the clouds
ve bulutların çok üzerindeki yüksek tepelere tırmanabilirlerdi

in their lands they possessed woods and fields
Topraklarında ormanlara ve tarlalara sahiptiler
the greenery stretched beyond the reach of her sight
Yeşillikler onun görüş alanının ulaşamayacağı kadar uzanıyordu
There was so much that she wished to know!
Bilmek istediği o kadar çok şey vardı ki!
but her sisters were unable to answer all her questions
Ancak kız kardeşleri tüm sorularına cevap veremedi
She then went to her old grandmother for answers
Daha sonra cevaplar için yaşlı büyükannesine gitti
her grandmother knew all about the upper world
Büyükannesi üst dünya hakkında her şeyi biliyordu
she rightly called this world "the lands above the sea"
Haklı olarak bu dünyaya "denizin üstündeki topraklar" adını verdi

"If human beings are not drowned, can they live forever?"
"İnsanlar boğulmazsa, sonsuza kadar yaşayabilirler mi?"
"Do they never die, as we do here in the sea?"
"Bizim burada denizde yaptığımız gibi hiç ölmezler mi?"
"Yes, they die too" replied the old lady
"Evet, onlar da ölüyor" diye cevap verdi yaşlı kadın
"like us, they must also die," added her grandmother
"Bizim gibi onlar da ölmeli," diye ekledi büyükannesi
"and their lives are even shorter than ours"
"Ve onların hayatları bizimkinden bile daha kısa"
"We sometimes live for three hundred years"
"Bazen üç yüz yıl yaşıyoruz"
"but when we cease to exist here we become foam"
"Ama burada var olmayı bıraktığımızda köpük oluruz"
"and we float on the surface of the water"
"Ve suyun yüzeyinde yüzüyoruz"
"we do not have graves for those we love"
"Sevdiklerimiz için mezarımız yok"
"and we have not immortal souls"
"Ve ölümsüz ruhlarımız yok"

"after we die we shall never live again"
"Öldükten sonra bir daha asla yaşamayacağız"
"like the green seaweed, once it has been cut off"
"Yeşil deniz yosunu gibi, bir kez kesildikten sonra"
"after we die, we can never flourish more"
"Öldükten sonra bir daha asla gelişemeyiz"
"Human beings, on the contrary, have souls"
"İnsanın tam tersine ruhu vardır"
"even after they're dead their souls live forever"
"Öldükten Sonra Bile Ruhları Sonsuza Kadar Yaşar"
"when we die our bodies turn to foam"
"Öldüğümüzde bedenlerimiz köpürür"
"when they die their bodies turn to dust"
"Öldüklerinde vücutları toza dönüşüyor"
"when we die we rise through the clear, blue water"
"Öldüğümüzde berrak, mavi sulardan yükseliriz"
"when they die they rise up through the clear, pure air"
"Öldüklerinde berrak, saf havada yükselirler"
"when we die we float no further than the surface"
"Öldüğümüzde yüzeyden öteye gitmeyiz"
"but when they die they go beyond the glittering stars"
"Ama öldüklerinde parıldayan yıldızların ötesine geçerler"
"we rise out of the water to the surface"
"Sudan yüzeye çıkıyoruz"
"and we behold all the land of the earth"
"Ve yeryüzünün tüm ülkelerini görüyoruz"
"they rise to unknown and glorious regions"
"BİLİNMEZ VE ŞANLI BÖLGELERİNE YÜKSELİYORLAR"
"glorious and unknown regions which we shall never see"
"Asla göremeyeceğimiz görkemli ve bilinmeyen bölgeler"
the little mermaid mourned her lack of a soul
Küçük deniz kızı ruhsuzluğunun yasını tuttu
"Why have not we immortal souls?" asked the little mermaid
"Neden biz ölümsüz ruhlar değiliz?" diye sordu küçük deniz kızı
"I would gladly give all the hundreds of years that I have"

"Sahip olduğum yüzlerce yılı seve seve veririm"
"I would trade it all to be a human being for one day"
"Bir günlüğüne insan olmak için her şeyi takas ederdim"
"to have the hope of knowing such happiness"
"Böyle bir mutluluğu bilme umuduna sahip olmak"
"the happiness of that glorious world above the stars"
"Yıldızların Üzerindeki O Muhteşem Dünyanın Mutluluğu"
"You must not think that," said the old woman
"Bunu düşünmemelisin," dedi yaşlı kadın
"We believe that we are much happier than the humans"
"İnsanlardan çok daha mutlu olduğumuza inanıyoruz"
"and we believe we are much better off than human beings"
"Ve insanlardan çok daha iyi durumda olduğumuza inanıyoruz"

"So I shall die," said the little mermaid
"Öyleyse öleceğim," dedi küçük deniz kızı
"being the foam of the sea, I shall be washed about"
"Denizin köpüğü olarak yıkanacağım"
"never again will I hear the music of the waves"
"Bir daha asla dalgaların müziğini duymayacağım"
"never again will I see the pretty flowers"
"Güzel çiçekleri bir daha asla göremeyeceğim"
"nor will I ever again see the red sun"
"Kızıl güneşi bir daha asla göremeyeceğim"
"Is there anything I can do to win an immortal soul?"
"Ölümsüz bir ruh kazanmak için yapabileceğim bir şey var mı?"
"No," said the old woman, "unless..."
"Hayır," dedi yaşlı kadın, "tabii ki..."
"there is just one way to gain a soul"
"Ruh kazanmanın tek bir yolu var"
"a man has to love you more than he loves his father and mother"
"Bir erkek seni babasını ve annesini sevdiğinden daha çok sevmeli"
"all his thoughts and love must be fixed upon you"

"Tüm düşünceleri ve sevgisi sana sabitlenmeli"
"he has to promise to be true to you here and hereafter"
"Burada ve bundan sonra sana sadık kalacağına söz vermeli"
"the priest has to place his right hand in yours"
"Rahip sağ elini seninkine koymalı"
"then your man's soul would glide into your body"
"O zaman erkeğinin ruhu bedenine kayardı"
"you would get a share in the future happiness of mankind"
"İnsanlığın gelecekteki mutluluğundan pay alırsınız"
"He would give to you a soul and retain his own as well"
"Sana bir ruh verir ve kendi ruhunu da korurdu"
"but it is impossible for this to ever happen"
"Ama bunun olması imkansız"
"Your fish's tail, among us, is considered beautiful"
"Senin balığının kuyruğu aramızda güzel sayılır"
"but on earth your fish's tail is considered ugly"
"Ama Dünya'da balığınızın kuyruğu çirkin kabul edilir"
"The humans do not know any better"
"İnsanlar daha iyisini bilmiyor"
"their standard of beauty is having two stout props"
"Güzellik standartları iki sağlam aksesuara sahip olmak"
"these two stout props they call their legs"
"Bu iki sağlam dikme, bacaklarına diyorlar"
The little mermaid sighed at what appeared to be her destiny
Küçük deniz kızı, kaderi gibi görünen şeye iç çekti
and she looked sorrowfully at her fish's tail
Ve kederle balığının kuyruğuna baktı
"Let us be happy with what we have," said the old lady
"Elimizdekilerle mutlu olalım," dedi yaşlı kadın
"let us dart and spring about for the three hundred years"
"Üç yüz yıl boyunca ok atalım ve yaylanalım"
"and three hundred years really is quite long enough"
"Ve üç yüz yıl gerçekten yeterince uzun"
"After that we can rest ourselves all the better"
"Bundan sonra kendimizi daha iyi dinlendirebiliriz"
"This evening we are going to have a court ball"

"Bu akşam bir mahkeme balosu yapacağız"

It was one of those splendid sights we can never see on earth
Yeryüzünde asla göremeyeceğimiz o muhteşem manzaralardan biriydi
the court ball took place in a large ballroom
Kort balosu büyük bir balo salonunda gerçekleşti
The walls and the ceiling were of thick transparent crystal
Duvarlar ve tavan kalın şeffaf kristaldendi
Many hundreds of colossal shells stood in rows on each side
Her iki tarafta yüzlerce devasa mermi sıralar halinde duruyordu
some were deep red, others were grass green
Bazıları koyu kırmızı, diğerleri çimen yeşiliydi
and each of the shells had a blue fire in it
Ve mermilerin her birinin içinde mavi bir ateş vardı
These lighted up the whole salon and the dancers
Bunlar tüm salonu ve dansçıları aydınlattı
and the shells shone out through the walls
Ve kabuklar duvarlardan parladı
so that the sea was also illuminated by their light
Böylece deniz de onların ışığıyla aydınlandı
Innumerable fishes, great and small, swam past
İrili ufaklı sayısız balık yüzerek geçti
some of their scales glowed with a purple brilliance
Pullarından bazıları mor bir parlaklıkla parlıyordu
and other fishes shone like silver and gold
ve diğer balıklar gümüş ve altın gibi parlıyordu
Through the halls flowed a broad stream
Salonların içinden geniş bir dere akıyordu
and in the stream danced the mermen and the mermaids
Ve derede deniz adamları ve deniz kızları dans etti
they danced to the music of their own sweet singing
Kendi tatlı şarkılarının müziğiyle dans ettiler

No one on earth has such lovely voices as they
Yeryüzünde hiç kimse onlar kadar güzel seslere sahip değil
but the little mermaid sang more sweetly than all
Ama küçük deniz kızı hepsinden daha tatlı şarkı söyledi
The whole court applauded her with hands and tails
Bütün mahkeme onu elleri ve kuyruklarıyla alkışladı
and for a moment her heart felt quite happy
Ve bir an için kalbi oldukça mutlu hissetti
because she knew she had the sweetest voice in the sea
Çünkü denizin en tatlı sesine sahip olduğunu biliyordu
and she knew she had the sweetest voice on land
Ve karadaki en tatlı sese sahip olduğunu biliyordu
But soon she thought again of the world above her
Ama çok geçmeden üstündeki dünyayı tekrar düşündü
she could not forget the charming prince
Büyüleyici prensi unutamadı
it reminded her that he had an immortal soul
Ona ölümsüz bir ruhu olduğunu hatırlattı
and she could not forget that she had no immortal soul
Ve ölümsüz bir ruhu olmadığını unutamadı
She crept away silently out of her father's palace
Sessizce babasının sarayından süzülerek uzaklaştı
everything within was full of gladness and song
İçindeki her şey sevinç ve şarkılarla doluydu
but she sat in her own little garden, sorrowful and alone
Ama kendi küçük bahçesinde kederli ve yalnız oturuyordu
Then she heard the bugle sounding through the water
Sonra suyun içinden borazan sesini duydu
and she thought, "He is certainly sailing above"
ve "Kesinlikle yukarıda yelken açıyor" diye düşündü.
"he, the beautiful prince, in whom my wishes centre"
"O, dileklerimin merkezinde olduğu güzel prens"
"he, in whose hands I should like to place my happiness"
"mutluluğumu kimin ellerine bırakmak istediğim o"
"I will venture all for him, and to win an immortal soul"
"Onun için her şeyi göze alacağım ve ölümsüz bir ruh kazanacağım"

"my sisters are dancing in my father's palace"
"Kız kardeşlerim babamın sarayında dans ediyor"
"but I will go to the sea witch"
"ama deniz cadısına gideceğim"
"the sea witch of whom I have always been so afraid"
"Her zaman çok korktuğum deniz cadısı"
"but the sea witch can give me counsel, and help"
"Ama deniz cadısı bana öğüt verebilir ve yardım edebilir"

Then the little mermaid went out from her garden
Sonra küçük deniz kızı bahçesinden dışarı çıktı
and she took the road to the foaming whirlpools
Ve köpüren girdaplara giden yolu tuttu
behind the foaming whirlpools the sorceress lived
Köpüren girdapların ardında büyücü yaşadı
the little mermaid had never gone that way before
Küçük deniz kızı daha önce hiç bu tarafa gitmemişti
Neither flowers nor grass grew where she was going
Gittiği yerde ne çiçekler ne de çimenler yetişti
there was nothing but bare, gray, sandy ground
Çıplak, gri, kumlu zeminden başka bir şey yoktu
this barren land stretched out to the whirlpool
Bu çorak topraklar girdaba kadar uzanıyordu
the water was like foaming mill wheels
Su, köpüren değirmen çarkları gibiydi
and the mills seized everything that came within reach
ve değirmenler ulaşılabilen her şeye el koydu
they cast their prey into the fathomless deep
Avlarını uçsuz bucaksız derinliklere attılar
Through these crushing whirlpools she had to pass
Bu ezici girdaplardan geçmek zorunda kaldı
only then could she reach the dominions of the sea witch
Ancak o zaman Deniz Cadısı'nın egemenliğine ulaşabilirdi
after this came a stretch of warm, bubbling mire
Bundan sonra sıcak, köpüren bir bataklık geldi
the sea witch called the bubbling mire her turf moor
Deniz cadısı, köpüren bataklığa çim bozkırı adını verdi

Beyond her turf moor was the witch's house
Çim bozkırının ötesinde cadının evi vardı
her house stood in the centre of a strange forest
Evi garip bir ormanın ortasındaydı
in this forest all the trees and flowers were polypi
Bu ormanda tüm ağaçlar ve çiçekler polipiydi
but they were only half plant; the other half was animal
ama onlar sadece yarı bitkiydi; diğer yarısı hayvandı
They looked like serpents with a hundred heads
Yüz başlı yılanlara benziyorlardı
and each serpent was growing out of the ground
Ve her yılan topraktan büyüyordu
Their branches were long, slimy arms
Dalları uzun, sümüksü kollardı
and they had fingers like flexible worms
Ve esnek solucanlar gibi parmakları vardı
each of their limbs, from the root to the top, moved
Uzuvlarının her biri, kökten tepeye doğru hareket etti
All that could be reached in the sea they seized upon
Denizde ulaşılabilecek her şeyi ele geçirdiler
and what they caught they held on tightly to
ve yakaladıkları şeye sıkıca tutundular
so that it never escaped from their clutches
böylece pençelerinden asla kaçmasın

The little mermaid was alarmed at what she saw
Küçük deniz kızı gördükleri karşısında telaşa kapıldı
she stood still and her heart beat with fear
Kıpırdamadan durdu ve kalbi korkuyla çarptı
She came very close to turning back
Geri dönmeye çok yaklaştı
but she thought of the beautiful prince
Ama o güzel prensi düşündü
and the thought of the human soul for which she longed
ve özlemini çektiği insan ruhunun düşüncesi
with these thoughts her courage returned
Bu düşüncelerle cesareti geri döndü

She fastened her long, flowing hair round her head
Uzun, dalgalı saçlarını başının etrafına bağladı
so that the polypi could not grab hold of her hair
Böylece polip saçını tutamadı
and she crossed her hands across her bosom
Ve ellerini göğsünde kavuşturdu
and then she darted forward like a fish through the water
Ve sonra suyun içinden bir balık gibi ileri fırladı
between the supple arms and fingers of the ugly polypi
çirkin polipinin esnek kolları ve parmakları arasında
they were stretched out on each side of her
Her iki yanına uzanmışlardı
She saw that they all held something in their grasp
Hepsinin ellerinde bir şey tuttuğunu gördü
something they had seized with their numerous little arms
sayısız küçük kollarıyla ele geçirdikleri bir şey
they were were white skeletons of human beings
Onlar beyaz insan iskeletleriydi
sailors who had perished at sea in storms
Fırtınalarda denizde can veren denizciler
and they had sunk down into the deep waters
ve derin sulara batmışlardı
and there were skeletons of land animals
Ve kara hayvanlarının iskeletleri vardı
and there were oars, rudders, and chests of ships
ve kürekler, dümenler ve gemi sandıkları vardı
There was even a little mermaid whom they had caught
Yakaladıkları küçük bir deniz kızı bile vardı
the poor mermaid must have been strangled by the hands
Zavallı deniz kızı ellerinden boğulmuş olmalı
to her this seemed the most shocking of all
Ona göre bu en şok edici görünüyordu

finally, she came to a space of marshy ground in the woods
Sonunda, ormanda bataklık bir alana geldi
here there were large fat water snakes rolling in the mire
Burada bataklıkta yuvarlanan büyük şişman su yılanları vardı

the snakes showed their ugly, drab-colored bodies
çirkin, donuk renkli vücutlarını gösterdiler
In the midst of this spot stood a house
Bu noktanın ortasında bir ev duruyordu
the house was built of the bones of shipwrecked human beings
Ev, gemi kazası geçiren insanların kemiklerinden inşa edilmiştir
and in the house sat the sea witch
Ve evde deniz cadısı oturuyordu
she was allowing a toad to eat from her mouth
Bir kurbağanın ağzından yemesine izin veriyordu
just like when people feed a canary with pieces of sugar
Tıpkı insanların bir kanaryayı şeker parçalarıyla beslemesi gibi
She called the ugly water snakes her little chickens
Çirkin su yılanlarına küçük tavukları adını verdi
and she allowed them to crawl all over her bosom
Ve onların göğsünün her yerinde sürünmelerine izin verdi

"I know what you want," said the sea witch
"Ne istediğini biliyorum," dedi deniz cadısı
"It is very stupid of you to want such a thing"
"Böyle bir şeyi istemen çok aptalca"
"but you shall have your way, however stupid it is"
"Ama ne kadar aptalca olursa olsun, kendi yolunu bulacaksın"
"though it will bring you to sorrow, my pretty princess"
"Seni üzüntüye sürükleyecek olsa da, güzel prensesim"
"You want to get rid of your mermaid's tail"
"Deniz kızının kuyruğundan kurtulmak istiyorsun"
"and you want to have two supports instead"
"Ve bunun yerine iki desteğe sahip olmak istiyorsun"
"this will make you like the human beings on earth"
"Bu sizi yeryüzündeki insanlar gibi yapacak"
"and then the young prince might fall in love with you"
"Ve sonra genç prens sana aşık olabilir"
"and then you might have an immortal soul"
"Ve o zaman ölümsüz bir ruha sahip olabilirsin"

the witch laughed loud and disgustingly
Cadı yüksek sesle ve bir şekilde güldü
the toad and the snakes fell to the ground
Kurbağa ve yere düştü
and they lay there wriggling on the floor
Ve orada yerde kıvranarak yatıyorlardı
"You are but just in time," said the witch
"Sen ama tam zamanındasın," dedi cadı
"after sunrise tomorrow it would have been too late"
"Yarın güneş doğduktan sonra çok geç olurdu"
"I would not be able to help you till the end of another year"
"Bir yılın sonuna kadar sana yardım edemem"
"I will prepare a potion for you"
"Senin için bir iksir hazırlayacağım"
"swim up to the land tomorrow, before sunrise
"Yarın güneş doğmadan karaya yüzün
"seat yourself there and drink the potion"
"Kendini oraya oturt ve iksiri iç"
"after you drink it your tail will disappear"
"İçtikten sonra kuyruğun kaybolacak"
"and then you will have what men call legs"
"Ve sonra erkeklerin bacak dediği şeye sahip olacaksın"

"all will say you are the prettiest girl in the world"
"Herkes senin dünyanın en güzel kızı olduğunu söyleyecek"
"but for this you will have to endure great pain"
"Ama bunun için büyük acıya katlanmak zorunda kalacaksınız"
"it will be as if a sword were passing through you"
"İçinizden bir kılıç geçiyormuş gibi olacak"
"You will still have the same gracefulness of movement"
"Hareketin hala aynı zarafetine sahip olacaksınız"
"it will be as if you are floating over the ground"
"Sanki yerin üzerinde süzülüyormuşsunuz gibi olacak"
"and no dancer will ever tread as lightly as you"
"Ve hiçbir dansçı senin kadar hafif basamaz"
"but every step you take will cause you great pain"
"Ama attığın her adım sana büyük acı verecek"

"it will be as if you were treading upon sharp knives"
"Keskin bıçaklara basıyormuşsunuz gibi olacak"
"If you bear all this suffering, I will help you"
"Tüm bu acılara katlanırsan, sana yardım edeceğim"
the little mermaid thought of the prince
Küçük Deniz Kızı Prens'i düşündü
and she thought of the happiness of an immortal soul
Ve ölümsüz bir ruhun mutluluğunu düşündü
"Yes, I will," said the little princess
"Evet, yapacağım," dedi küçük prenses
but, as you can imagine, her voice trembled with fear
Ama tahmin edebileceğiniz gibi sesi korkudan titriyordu

"do not rush into this," said the witch
"Bu konuda acele etme," dedi cadı
"once you are shaped like a human, you can never return"
"Bir kez insan gibi şekillendiniz mi, bir daha asla geri dönemezsiniz"
"and you will never again take the form of a mermaid"
"Ve bir daha asla deniz kızı şeklini almayacaksın"
"You will never return through the water to your sisters"
"Sudan asla kız kardeşlerine geri dönmeyeceksin"
"nor will you ever go to your father's palace again"
"Bir daha asla babanın sarayına gitmeyeceksin"
"you will have to win the love of the prince"
"Prensin sevgisini kazanmak zorunda kalacaksın"
"he must be willing to forget his father and mother for you"
"Senin için babasını ve annesini unutmaya istekli olmalı"
"and he must love you with all of his soul"
"Ve seni tüm ruhuyla sevmeli"
"the priest must join your hands together"
"Rahip ellerinizi birleştirmeli"
"and he must make you man and wife in holy matrimony"
"Ve seni kutsal evlilikte erkek ve eş yapmalı"
"only then will you have an immortal soul"
"Ancak o zaman ölümsüz bir ruha sahip olacaksın"
"but you must never allow him to marry another"

"Ama onun başka biriyle evlenmesine asla izin vermemelisiniz"
"the morning after he marries another, your heart will break"
"Başka biriyle evlendikten sonraki sabah, kalbin kırılacak"
"and you will become foam on the crest of the waves"
"Ve dalgaların tepesinde köpük olacaksın"
the little mermaid became as pale as death
Küçük deniz kızı ölüm kadar solgun oldu
"I will do it," said the little mermaid
"Yapacağım," dedi küçük deniz kızı

"But I must be paid, also," said the witch
"Ama bana da ödeme yapılmalı," dedi cadı
"and it is not a trifle that I ask for"
"ve istediğim önemsiz bir şey değil"
"You have the sweetest voice of any who dwell here"
"Burada yaşayanların en tatlı sesine sahipsin"
"you believe that you can charm the prince with your voice"
"Prensi sesinle büyüleyebileceğine inanıyorsun"
"But your beautiful voice you must give to me"
"Ama güzel sesini bana vermelisin"
"The best thing you possess is the price of my potion"
"Sahip olduğun en iyi şey iksirimin fiyatıdır"
"the potion must be mixed with my own blood"
"İksir kendi kanımla karıştırılmalı"
"only this makes it as sharp as a two-edged sword"
"Sadece bu onu iki ucu keskin bir kılıç kadar keskin yapar"

the little mermaid tried to object to the cost
Küçük deniz kızı maliyete itiraz etmeye çalıştı
"But if you take away my voice..." said the little mermaid
"Ama sesimi alırsan..." dedi küçük deniz kızı
"if you take away my voice, what is left for me?"
"Sesimi alırsan, bana ne kalır?"
"Your beautiful form," suggested the sea witch
"Güzel formun," diye önerdi deniz cadısı

"your graceful walk, and your expressive eyes"
"Zarif yürüyüşün ve etkileyici gözlerin"
"Surely, with these you can enchain a man's heart?"
"Elbette, bunlarla bir erkeğin kalbini zincirleyebilir misin?"
"Well, have you lost your courage?" the sea witch asked
"Peki, cesaretini mi kaybettin?" diye sordu deniz cadısı
"Put out your little tongue, so that I can cut it off"
"Küçük dilini çıkar da keseyim"
"then you shall have the powerful potion"
"O zaman güçlü iksir olacak"
"It shall be," said the little mermaid
"Olacak," dedi küçük denizkızı

Then the witch placed her caldron on the fire
Sonra cadı kazanını ateşe koydu
"Cleanliness is a good thing," said the sea witch
"Temizlik iyi bir şeydir," dedi deniz cadısı
she scoured the vessels for the right snake
Doğru yılan için gemileri taradı
all the snakes had been tied together in a large knot
Bütün büyük bir düğümle birbirine bağlanmıştı
Then she pricked herself in the breast
Sonra kendini göğsüne batırdı
and she let the black blood drop into the caldron
Ve siyah kanın kazana düşmesine izin verdi
The steam that rose twisted itself into horrible shapes
Yükselen buhar kendini korkunç şekillere soktu
no person could look at the shapes without fear
Hiç kimse şekillere korkmadan bakamazdı
Every moment the witch threw new ingredients into the vessel
Cadı her an kaba yeni malzemeler attı
finally, with everything inside, the caldron began to boil
Sonunda, içindeki her şeyle kazan kaynamaya başladı
there was the sound like the weeping of a crocodile
Bir timsahın ağlaması gibi bir ses vardı
and at last the magic potion was ready

Ve sonunda sihirli iksir hazırdı
despite its ingredients, it looked like the clearest water
İçeriğine rağmen, en berrak su gibi görünüyordu
"There it is, all for you," said the witch
"İşte burada, hepsi senin için," dedi cadı
and then she cut off the little mermaid's tongue
Ve sonra küçük denizkızının dilini kesti
so that the little mermaid could never again speak, nor sing
Böylece küçük deniz kızı bir daha asla konuşamaz ve şarkı söyleyemezdi
"the polypi might try and grab you on the way out"
"Polipi çıkarken seni yakalamaya çalışabilir"
"if they try, throw over them a few drops of the potion"
"Eğer denerlerse, üzerlerine birkaç damla iksir atın"
"and their fingers will be torn into a thousand pieces"
"Ve parmakları bin parçaya ayrılacak"
But the little mermaid had no need to do this
Ama küçük deniz kızının bunu yapmasına gerek yoktu
the polypi sprang back in terror when they saw her
Polypi onu görünce dehşet içinde geri fırladı
they saw she had lost her tongue to the sea witch
Dilini deniz cadısına kaptırdığını gördüler
and they saw she was carrying the potion
Ve onun iksiri taşıdığını gördüler
the potion shone in her hand like a twinkling star
İksir elinde parıldayan bir yıldız gibi parlıyordu

So she passed quickly through the wood and the marsh
Bu yüzden ormanın ve bataklığın içinden hızla geçti
and she passed between the rushing whirlpools
Ve koşan girdapların arasından geçti
soon she made it back to the palace of her father
Kısa süre sonra babasının sarayına geri döndü
all the torches in the ballroom were extinguished
Balo salonundaki tüm meşaleler söndürüldü
all within the palace must now be asleep
Saraydaki herkes şimdi uyuyor olmalı

But she did not go inside to see them
Ama onları görmek için içeri girmedi
she knew she was going to leave them forever
Onları sonsuza dek terk edeceğini biliyordu
and she knew her heart would break if she saw them
Ve onları görürse kalbinin kırılacağını biliyordu
she went into the garden one last time
Son bir kez bahçeye çıktı
and she took a flower from each one of her sisters
Kız kardeşlerinin her birinden birer çiçek aldı
and then she rose up through the dark-blue waters
Ve sonra koyu mavi sularda yükseldi

the little mermaid arrived at the prince's palace
Küçük deniz kızı prensin sarayına geldi
the the sun had not yet risen from the sea
Güneş henüz denizden doğmamıştı
and the moon shone clear and bright in the night
Ve ay gecenin karanlığında berrak ve parlak bir şekilde parlıyordu
the little mermaid sat at the beautiful marble steps
Küçük deniz kızı güzel mermer basamaklara oturdu
and then the little mermaid drank the magic potion
Ve sonra küçük deniz kızı sihirli iksiri içti
she felt the cut of a two-edged sword cut through her
İki ucu keskin bir kılıcın kesiğinin onu kestiğini hissetti
and she fell into a swoon, and lay like one dead
Ve bir baygınlık geçirdi ve bir ölü gibi yattı
the sun rose from the sea and shone over the land
Güneş denizden doğdu ve karada parladı
she recovered and felt the pain from the cut
İyileşti ve kesiğin acısını hissetti
but before her stood the handsome young prince
Ama ondan önce yakışıklı genç prens duruyordu

He fixed his coal-black eyes upon the little mermaid
Kömür karası gözlerini küçük deniz kızına dikti

he looked so earnestly that she cast down her eyes
O kadar ciddiyetle baktı ki gözlerini aşağı indirdi
and then she became aware that her fish's tail was gone
Ve sonra balığının kuyruğunun gittiğini fark etti
she saw that she had the prettiest pair of white legs
En güzel beyaz bacaklara sahip olduğunu gördü
and she had tiny feet, as any little maiden would have
Ve her küçük kızın yapacağı gibi minik ayakları vardı
But, having come from the sea, she had no clothes
Ama denizden geldiği için kıyafeti yoktu
so she wrapped herself in her long, thick hair
Bu yüzden kendini uzun, kalın saçlarına sardı
The prince asked her who she was and whence she came
Prens ona kim olduğunu ve nereden geldiğini sordu
She looked at him mildly and sorrowfully
Ona yumuşak ve kederli bir şekilde baktı
but she had to answer with her deep blue eyes
Ama derin mavi gözleriyle cevap vermek zorunda kaldı
because the little mermaid could not speak anymore
Çünkü küçük deniz kızı artık konuşamıyordu
He took her by the hand and led her to the palace
Elinden tuttu ve saraya götürdü

Every step she took was as the witch had said it would be
Attığı her adım cadının söylediği gibiydi
she felt as if she were treading upon sharp knives
Keskin bıçaklara basıyormuş gibi hissetti
She bore the pain of the spell willingly, however
Ancak büyünün acısını isteyerek taşıdı
and she moved at the prince's side as lightly as a bubble
Ve prensin yanında bir baloncuk kadar hafif hareket etti
all who saw her wondered at her graceful, swaying movements
Onu gören herkes onun zarif, sallanan hareketlerine hayret etti
She was very soon arrayed in costly robes of silk and muslin
Çok geçmeden ipek ve müslin elbiseler giydi

and she was the most beautiful creature in the palace
Ve saraydaki en güzel yaratıktı
but she appeared dumb, and could neither speak nor sing
Ama aptal görünüyordu ve ne konuşabiliyor ne de şarkı söyleyebiliyordu

there were beautiful female slaves, dressed in silk and gold
İpek ve altın giyinmiş güzel kadın köleler vardı
they stepped forward and sang in front of the royal family
Öne çıktılar ve kraliyet ailesinin önünde şarkı söylediler
each slave could sing better than the next one
Her köle bir diğerinden daha iyi şarkı söyleyebilirdi
and the prince clapped his hands and smiled at her
Ve prens ellerini çırptı ve ona gülümsedi
This was a great sorrow to the little mermaid
Bu küçük deniz kızı için büyük bir üzüntüydü
she knew how much more sweetly she was able to sing
Ne kadar tatlı şarkı söyleyebildiğini biliyordu
"if only he knew I have given away my voice to be with him!"
"Keşke onunla birlikte olmak için sesimi verdiğimi bilseydi!"

there was music being played by an orchestra
Bir orkestra tarafından çalınan müzik vardı
and the slaves performed some pretty, fairy-like dances
ve köleler güzel, peri gibi danslar yaptılar
Then the little mermaid raised her lovely white arms
Sonra küçük deniz kızı güzel beyaz kollarını kaldırdı
she stood on the tips of her toes like a ballerina
Bir balerin gibi ayak parmaklarının ucunda durdu
and she glided over the floor like a bird over water
Ve suyun üzerindeki bir kuş gibi yerde süzüldü
and she danced as no one yet had been able to dance
Ve henüz kimsenin dans edemediği gibi dans etti
At each moment her beauty was more revealed
Her an güzelliği daha da açığa çıkıyordu
most appealing of all, to the heart, were her expressive eyes

Hepsinden önemlisi, kalbe en çekici geleni, etkileyici gözleriydi
Everyone was enchanted by her, especially the prince
Başta prens olmak üzere herkes onun tarafından büyülendi
the prince called her his deaf little foundling
Prens ona sağır küçük dökümhanesi adını verdi
and she happily continued to dance, to please the prince
Ve prensi memnun etmek için mutlu bir şekilde dans etmeye devam etti
but we must remember the pain she endured for his pleasure
Ama onun zevki için katlandığı acıyı hatırlamalıyız
every step on the floor felt as if she trod on sharp knives
Yerdeki her adım keskin bıçaklara basıyormuş gibi hissetti

The prince said she should remain with him always
Prens her zaman onunla kalması gerektiğini söyledi
and she was given permission to sleep at his door
ve kapısında uyumasına izin verildi
they brought a velvet cushion for her to lie on
Yatması için kadife bir yastık getirdiler
and the prince had a page's dress made for her
Ve prens onun için bir sayfa elbisesi diktirdi
this way she could accompany him on horseback
Bu şekilde ona at sırtında eşlik edebilirdi
They rode together through the sweet-scented woods
Tatlı kokulu ormanda birlikte at sürdüler
in the woods the green branches touched their shoulders
Ormanda yeşil dallar omuzlarına değdi
and the little birds sang among the fresh leaves
Ve küçük kuşlar taze yaprakların arasında şarkı söylediler
She climbed with him to the tops of high mountains
Onunla birlikte yüksek dağların tepelerine tırmandı
and although her tender feet bled, she only smiled
Ve hassas ayakları kanamasına rağmen, sadece gülümsedi
she followed him till the clouds were beneath them
Bulutlar altlarına gelene kadar onu takip etti
like a flock of birds flying to distant lands

uzak diyarlara uçan bir kuş sürüsü gibi

when all were asleep she sat on the broad marble steps
Herkes uyurken o geniş mermer basamaklara oturdu
it eased her burning feet to bathe them in the cold water
Yanan ayaklarını soğuk suda yıkamak için rahatlattı
It was then that she thought of all those in the sea
O zaman denizdeki herkesi düşündü
Once, during the night, her sisters came up, arm in arm
Bir keresinde, gece boyunca kız kardeşleri kol kola geldiler
they sang sorrowfully as they floated on the water
Suyun üzerinde yüzerken kederli bir şekilde şarkı söylediler
She beckoned to them, and they recognized her
Onlara işaret etti ve onu tanıdılar
they told her how they had grieved their youngest sister
Ona en küçük kız kardeşlerinin yasını nasıl tuttuklarını anlattılar
after that, they came to the same place every night
Ondan sonra her gece aynı yere geldiler
Once she saw in the distance her old grandmother
Bir keresinde yaşlı büyükannesini uzaktan gördü
she had not been to the surface of the sea for many years
Uzun yıllardır denizin yüzeyine çıkmamıştı
and the old Sea King, her father, with his crown on his head
ve yaşlı Deniz Kralı, babası, başında tacı ile
he too came to where she could see him
O da onu görebileceği bir yere geldi
They stretched out their hands towards her
Ellerini ona doğru uzattılar
but they did not venture as near the land as her sisters
ama kız kardeşleri kadar karaya yaklaşmadılar

As the days passed she loved the prince more dearly
Günler geçtikçe prensi daha çok sevdi
and he loved her as one would love a little child
Ve onu küçük bir çocuğu sever gibi sevdi
The thought never came to him to make her his wife

Onu karısı yapma düşüncesi hiç aklına gelmedi
but, unless he married her, her wish would never come true
Ama onunla evlenmediği sürece dileği asla gerçekleşmeyecekti
unless he married her she could not receive an immortal soul
Onunla evlenmediği sürece ölümsüz bir ruh alamazdı
and if he married another her dreams would shatter
Ve eğer başka biriyle evlenirse, hayalleri paramparça olurdu
on the morning after his marriage she would dissolve
Evlendikten sonraki sabah çözülecekti
and the little mermaid would become the foam of the sea
Ve küçük deniz kızı denizin köpüğü olacaktı

the prince took the little mermaid in his arms
Prens küçük deniz kızını kucağına aldı
and he kissed her on her forehead
Ve onu alnından öptü
with her eyes she tried to ask him
Gözleriyle ona sormaya çalıştı
"Do you not love me the most of them all?"
"Hepsinden çok beni sevmiyor musun?"
"Yes, you are dear to me," said the prince
"Evet, sen benim için değerlisin," dedi prens
"because you have the best heart"
"Çünkü sen en iyi kalbe sahipsin"
"and you are the most devoted to me"
"Ve sen bana en sadık olansın"
"You are like a young maiden whom I once saw"
"Bir zamanlar gördüğüm genç bir kız gibisin"
"but I shall never meet this young maiden again"
"Ama bu genç kızla bir daha asla karşılaşmayacağım"
"I was in a ship that was wrecked"
"Enkaz halindeki bir gemideydim"
"and the waves cast me ashore near a holy temple"
"Ve dalgalar beni kutsal bir tapınağın yakınında karaya fırlattı"
"at the temple several young maidens performed the

service"
"Tapınakta birkaç genç kız ayin yaptı"
"The youngest maiden found me on the shore"
"En genç kız beni kıyıda buldu"
"and the youngest of the maidens saved my life"
"Ve bakirelerin en küçüğü hayatımı kurtardı"
"I saw her but twice," he explained
"Onu iki kez gördüm," diye açıkladı
"and she is the only one in the world whom I could love"
"ve dünyada sevebileceğim tek kişi o"
"But you are like her," he reassured the little mermaid
"Ama sen de onun gibisin," diye güvence verdi küçük deniz kızı
"and you have almost driven her image from my mind"
"Ve neredeyse onun imajını aklımdan çıkardın"
"She belongs to the holy temple"
"O kutsal tapınağa ait"
"good fortune has sent you instead of her to me"
"Talih onun yerine seni bana gönderdi"
"We will never part," he comforted the little mermaid
"Asla ayrılmayacağız," diye teselli etti küçük deniz kızı

but the little mermaid could not help but sigh
Ama küçük deniz kızı yardım edemedi ama iç çekti
"he knows not that it was I who saved his life"
"Hayatını kurtaranın ben olduğumu bilmiyor"
"I carried him over the sea to where the temple stands"
"Onu denizin üzerinden tapınağın bulunduğu yere taşıdım"
"I sat beneath the foam till the human came to help him"
"İnsan ona yardım etmeye gelene kadar köpüğün altında oturdum"
"I saw the pretty maiden that he loves"
"Sevdiği güzel kızı gördüm"
"the pretty maiden that he loves more than me"
"Benden daha çok sevdiği güzel kız"
The mermaid sighed deeply, but she could not weep
Deniz kızı derin bir iç çekti ama ağlayamadı

"He says the maiden belongs to the holy temple"
"Bakirenin kutsal tapınağa ait olduğunu söylüyor"
"therefore she will never return to the world"
"Bu nedenle dünyaya asla geri dönmeyecek"
"they will meet no more," the little mermaid hoped
"Artık görüşmeyecekler," diye umuyordu küçük deniz kızı
"I am by his side and see him every day"
"Onun yanındayım ve onu her gün görüyorum"
"I will take care of him, and love him"
"Onunla ilgileneceğim ve onu seveceğim"
"and I will give up my life for his sake"
"ve onun uğruna hayatımdan vazgeçeceğim"

Very soon it was said that the prince was to marry
Çok geçmeden prensin evleneceği söylendi
there was the beautiful daughter of a neighbouring king
Komşu bir kralın güzel kızı vardı
it was said that she would be his wife
Karısı olacağı söylendi
for the occasion a fine ship was being fitted out
Bu vesileyle güzel bir gemi donatılıyordu
the prince said he intended only to visit the king
Prens sadece kralı ziyaret etmek istediğini söyledi
they thought he was only going so as to meet the princess
Sadece prensesle buluşmak için gittiğini sandılar
The little mermaid smiled and shook her head
Küçük deniz kızı gülümsedi ve başını salladı
She knew the prince's thoughts better than the others
Prensin düşüncelerini diğerlerinden daha iyi biliyordu

"I must travel," he had said to her
"Seyahat etmeliyim," demişti ona
"I must see this beautiful princess"
"Bu güzel prensesi görmeliyim"
"My parents want me to go and see her
"Ailem gidip onu görmemi istiyor
"but they will not oblige me to bring her home as my bride"

"Ama onu gelinim olarak eve getirmem için beni mecbur etmeyecekler."
"you know that I cannot love her"
"Onu sevemeyeceğimi biliyorsun"
"because she is not like the beautiful maiden in the temple"
"Çünkü o tapınaktaki güzel bakire gibi değil"
"the beautiful maiden whom you resemble"
"Benzediğin güzel kız"
"If I were forced to choose a bride, I would choose you"
"Gelin seçmek zorunda kalsaydım seni seçerdim"
"my deaf foundling, with those expressive eyes"
"Sağır dökümhanem, o anlamlı gözlerle"
Then he kissed her rosy mouth
Sonra pembe ağzını öptü
and he played with her long, waving hair
Ve onun uzun, dalgalı saçlarıyla oynadı
and he laid his head on her heart
Ve başını kalbinin üzerine koydu
she dreamed of human happiness and an immortal soul
İnsan mutluluğunu ve ölümsüz bir ruhu hayal etti

they stood on the deck of the noble ship
Asil geminin güvertesinde durdular
"You are not afraid of the sea, are you?" he said
"Denizden korkmuyorsun, değil mi?" dedi
the ship was to carry them to the neighbouring country
Gemi onları komşu ülkeye taşıyacaktı
Then he told her of storms and of calms
Sonra ona fırtınalardan ve sakinliklerden bahsetti
he told her of strange fishes deep beneath the water
Ona suyun derinliklerindeki garip balıklardan bahsetti
and he told her of what the divers had seen there
Ve ona dalgıçların orada gördüklerini anlattı
She smiled at his descriptions, slightly amused
Açıklamalarına gülümsedi, biraz eğlendi
she knew better what wonders were at the bottom of the sea

Denizin dibinde ne harikalar olduğunu daha iyi biliyordu

the little mermaid sat on the deck at moonlight
Küçük deniz kızı ay ışığında güvertede oturuyordu
all on board were asleep, except the man at the helm
Dümendeki adam dışında gemideki herkes uyuyordu
and she gazed down through the clear water
Ve berrak suya baktı
She thought she could distinguish her father's castle
Babasının şatosunu ayırt edebileceğini düşündü
and in the castle she could see her aged grandmother
Ve şatoda yaşlı büyükannesini görebiliyordu
Then her sisters came out of the waves
Sonra kız kardeşleri dalgaların arasından çıktı
and they gazed at their sister mournfully
Ve kederli bir şekilde kız kardeşlerine baktılar
She beckoned to her sisters, and smiled
Kız kardeşlerini işaret etti ve gülümsedi
she wanted to tell them how happy and well off she was
Onlara ne kadar mutlu ve iyi durumda olduğunu söylemek istedi
But the cabin boy approached and her sisters dived down
Ama kabin görevlisi yaklaştı ve kız kardeşleri aşağı daldı
he thought what he saw was the foam of the sea
Gördüğü şeyin denizin köpüğü olduğunu düşündü

The next morning the ship got into the harbour
Ertesi sabah gemi limana yanaştı
they had arrived in a beautiful coastal town
Güzel bir sahil kasabasına varmışlardı
on their arrival they were greeted by church bells
Vardıklarında kilise çanları tarafından karşılandılar
and from the high towers sounded a flourish of trumpets
Ve yüksek kulelerden bir trompet sesi geldi
soldiers lined the roads through which they passed
Askerler geçtikleri yolları sıraladılar
Soldiers, with flying colors and glittering bayonets

Uçan renkler ve ışıltılı süngülerle askerler
Every day that they were there there was a festival
Orada oldukları her gün bir festival vardı
balls and entertainments were organised for the event
Etkinlik için balolar ve eğlenceler düzenlendi
But the princess had not yet made her appearance
Ancak prenses henüz ortaya çıkmamıştı
she had been brought up and educated in a religious house
Dindar bir evde büyümüş ve eğitim görmüştü
she was learning every royal virtue of a princess
Bir prensesin tüm kraliyet erdemlerini öğreniyordu

At last, the princess made her royal appearance
Sonunda, prenses kraliyet görünümünü yaptı
The little mermaid was anxious to see her
Küçük deniz kızı onu görmek için sabırsızlanıyordu
she had to know whether she really was beautiful
Gerçekten güzel olup olmadığını bilmek zorundaydı
she was obliged to admit she really was beautiful
Gerçekten güzel olduğunu itiraf etmek zorunda kaldı
she had never seen a more perfect vision of beauty
Daha önce hiç bu kadar mükemmel bir güzellik vizyonu görmemişti
Her skin was delicately fair
Cildi narin bir şekilde adildi
and her laughing blue eyes shone with truth and purity
Ve gülen mavi gözleri gerçek ve saflıkla parlıyordu
"It was you," said the prince
"Sendin," dedi prens
"you saved my life when I lay as if dead on the beach"
"Sahilde ölü gibi yatarken hayatımı kurtardın"
"and he held his blushing bride in his arms"
"Ve kızaran gelinini kollarında tuttu"

"Oh, I am too happy!" said he to the little mermaid
"Ah, çok mutluyum!" dedi küçük deniz kızı
"my fondest hopes are now fulfilled"

"En büyük umutlarım şimdi gerçekleşti"
"You will rejoice at my happiness"
"Mutluluğuma sevineceksin"
"because your devotion to me is great and sincere"
"Çünkü bana olan bağlılığınız büyük ve samimi"
The little mermaid kissed the prince's hand
Küçük deniz kızı prensin elini öptü
and she felt as if her heart were already broken
Ve sanki kalbi çoktan kırılmış gibi hissetti
His wedding morning would bring death to her
Düğün sabahı ona ölüm getirecekti
she knew she was to become the foam of the sea
Denizin köpüğü olacağını biliyordu

the sound of the church bells rang through the town
Kilise çanlarının sesi kasabayı çınlattı
the heralds rode through the town proclaiming the betrothal
Haberciler, nişanı ilan ederek kasabanın içinden geçtiler
Perfumed oil was burned in silver lamps on every altar
Her sunaktaki gümüş kandillerde parfümlü yağ yakıldı
The priests waved the censers over the couple
Rahipler buhurdanlıkları çiftin üzerine salladılar
and the bride and the bridegroom joined their hands
Gelin ve damat ellerini birleştirdiler
and they received the blessing of the bishop
ve piskoposun kutsamasını aldılar
The little mermaid was dressed in silk and gold
Küçük deniz kızı ipek ve altın giyinmişti
she held up the bride's dress, in great pain
Büyük bir acı içinde gelinin elbisesini kaldırdı
but her ears heard nothing of the festive music
Ama kulakları şenlikli müzikten hiçbir şey duymadı
and her eyes saw not the holy ceremony
Ve gözleri kutsal töreni görmedi
She thought of the night of death coming to her
Ölüm gecesinin kendisine geldiğini düşündü

and she mourned for all she had lost in the world
Ve dünyada kaybettiği her şey için yas tuttu

that evening the bride and bridegroom boarded the ship
O akşam gelin ve damat gemiye bindiler
the ship's cannons were roaring to celebrate the event
Geminin topları olayı kutlamak için kükrüyordu
and all the flags of the kingdom were waving
Ve krallığın tüm bayrakları dalgalanıyordu
in the centre of the ship a tent had been erected
Geminin ortasına bir çadır kurulmuştu
in the tent were the sleeping couches for the newlyweds
Çadırda yeni evliler için uyku kanepeleri vardı
the winds were favourable for navigating the calm sea
Rüzgarlar sakin denizde gezinmek için elverişliydi
and the ship glided as smoothly as the birds of the sky
Ve gemi gökyüzündeki kuşlar kadar yumuşak bir şekilde süzüldü

When it grew dark, a number of colored lamps were lighted
Hava karardığında, bir dizi renkli lamba yakıldı
the sailors and royal family danced merrily on the deck
Denizciler ve kraliyet ailesi güvertede neşeyle dans etti
The little mermaid could not help thinking of her birthday
Küçük deniz kızı doğum gününü düşünmekten kendini alamadı
the day that she rose out of the sea for the first time
Denizden ilk kez çıktığı gün
similar joyful festivities were celebrated on that day
O gün de benzer neşeli şenlikler kutlandı
she thought about the wonder and hope she felt that day
O gün hissettiği merak ve umudu düşündü
with those pleasant memories, she too joined in the dance
Bu hoş anılarla o da dansa katıldı
on her paining feet, she poised herself in the air
Acı çeken ayaklarının üzerinde kendini havaya kaldırdı
the way a swallow poises itself when in pursued of prey

bir kırlangıcın avının peşindeyken kendini dengeleme şekli
the sailors and the servants cheered her wonderingly
Denizciler ve hizmetçiler onu merakla alkışladılar
She had never danced so gracefully before
Daha önce hiç bu kadar zarif dans etmemişti
Her tender feet felt as if cut with sharp knives
Hassas ayakları keskin bıçaklarla kesilmiş gibi hissediyordu
but she cared little for the pain of her feet
ama ayaklarının acısını pek umursamadı
there was a much sharper pain piercing her heart
Kalbini delen çok daha keskin bir acı vardı

She knew this was the last evening she would ever see him
Bunun onu göreceği son akşam olduğunu biliyordu
the prince for whom she had forsaken her kindred and home
uğruna akrabasını ve evini terk ettiği prens
She had given up her beautiful voice for him
Onun için güzel sesinden vazgeçmişti
and every day she had suffered unheard-of pain for him
Ve her gün onun için duyulmamış acılar çekiyordu
she suffered all this, while he knew nothing of her pain
Bütün bunlara katlandı, oysa onun acısı hakkında hiçbir şey bilmiyordu
it was the last evening she would breath the same air as him
Onunla aynı havayı soluyacağı son akşamdı
it was the last evening she would gaze on the same starry sky
Aynı yıldızlı gökyüzüne bakacağı son akşamdı
it was the last evening she would gaze into the deep sea
Derin denizlere bakacağı son akşamdı
it was the last evening she would gaze into the eternal night
Ebedi geceye bakacağı son akşamdı
an eternal night without thoughts or dreams awaited her
Düşünceleri ve hayalleri olmayan sonsuz bir gece onu bekliyordu
She was born without a soul, and now she could never win

one
Ruhsuz doğdu ve şimdi asla kazanamadı

All was joy and gaiety on the ship until long after midnight
Gece yarısından çok sonraya kadar gemide her şey neşe ve neşeydi
She smiled and danced with the others on the royal ship
Gülümsedi ve kraliyet gemisindeki diğerleriyle dans etti
but she danced while the thought of death was in her heart
Ama ölüm düşüncesi yüreğindeyken dans etti
she had to watch the prince dance with the princess
Prensin prensesle dansını izlemek zorunda kaldı
she had to watch when the prince kissed his beautiful bride
Prens güzel gelinini öptüğünde izlemek zorunda kaldı
she had to watch her play with the prince's raven hair
Prensin kuzgun saçlarıyla oynamasını izlemek zorunda kaldı
and she had to watch them enter the tent, arm in arm
Ve onların çadıra girmelerini kol kola izlemek zorunda kaldı

after they had gone all became still on board the ship
Onlar gittikten sonra hepsi gemide hareketsiz kaldı
only the pilot, who stood at the helm, was still awake
Sadece dümende duran pilot hala uyanıktı
The little mermaid leaned on the edge of the vessel
Küçük deniz kızı geminin kenarına yaslandı
she looked towards the east for the first blush of morning
Sabahın ilk kızarıklığı için doğuya baktı
the first ray of the dawn, which was to be her death
Ölümü olacak olan şafağın ilk ışını
from far away she saw her sisters rising out of the sea
Uzaklardan kız kardeşlerinin denizden yükseldiğini gördü
They were as pale with fear as she was
Onlar da onun kadar korkudan solgundu
but their beautiful hair no longer waved in the wind
Ama güzel saçları artık rüzgarda dalgalanmıyordu
"We have given our hair to the witch," said they
"Saçlarımızı cadıya verdik," dediler

"so that you do not have to die tonight"
"Bu gece ölmek zorunda kalmamak için"
"for our hair we have obtained this knife"
"Saçlarımız İçin Bu Bıçağı Aldık"
"Before the sun rises you must use this knife"
"Güneş doğmadan önce bu bıçağı kullanmalısın"
"you must plunge the knife into the heart of the prince"
"Bıçağı prensin kalbine saplamalısın"
"the warm blood of the prince must fall upon your feet"
"Prensin sıcak kanı ayaklarınıza düşmeli"
"and then your feet will grow together again"
"Ve sonra ayaklarınız tekrar birlikte büyüyecek"
"where you have legs you will have a fish's tail again"
"Bacakların olduğu yerde yine bir balık kuyruğuna sahip olacaksın"
"and where you were human you will once more be a mermaid"
"Ve insan olduğun yerde bir kez daha deniz kızı olacaksın"
"then you can return to live with us, under the sea"
"O zaman denizin altında bizimle yaşamak için geri dönebilirsin"
"and you will be given your three hundred years of a mermaid"
"Ve sana üç yüz yıllık bir deniz kızı verilecek"
"and only then will you be changed into the salty sea foam"
"Ve ancak o zaman tuzlu deniz köpüğüne dönüşeceksin"
"Haste, then; either he or you must die before sunrise"
"Acele et o zaman; ya o ya da sen güneş doğmadan öleceksin"
"our old grandmother mourns for you day and night"
"Yaşlı Anneannemiz gece gündüz senin için yas tutuyor"
"her white hair is falling out"
"Beyaz saçları dökülüyor"
"just as our hair fell under the witch's scissors"
"Tıpkı saçlarımızın cadının makasının altına düştüğü gibi"
"Kill the prince, and come back," they begged her
"Prensi öldür ve geri dön," diye yalvardılar ona
"Do you not see the first red streaks in the sky?"

"Gökyüzündeki ilk kırmızı çizgileri görmüyor musun?"
"In a few minutes the sun will rise, and you will die"
"Birkaç dakika içinde güneş doğacak ve öleceksin"
having done their best, her sisters sighed deeply
Ellerinden gelenin en iyisini yapan kız kardeşleri derin bir iç çekti
mournfully her sisters sank back beneath the waves
Kız kardeşleri kederli bir şekilde dalgaların altına gömüldü
and the little mermaid was left with the knife in her hands
Ve küçük deniz kızı elinde bıçakla kaldı

she drew back the crimson curtain of the tent
Çadırın kıpkırmızı perdesini geri çekti
and in the tent she saw the beautiful bride
Ve çadırda güzel gelini gördü
her face was resting on the prince's breast
Yüzü prensin göğsündeydi
and then the little mermaid looked at the sky
Ve sonra küçük deniz kızı gökyüzüne baktı
on the horizon the rosy dawn grew brighter and brighter
Ufukta pembe şafak daha da parlaklaştı
She glanced at the sharp knife in her hands
Elindeki keskin bıçağa baktı
and again she fixed her eyes on the prince
Ve yine gözlerini prense dikti
She bent down and kissed his noble brow
Eğildi ve asil alnını öptü
he whispered the name of his bride in his dreams
Rüyasında gelininin adını fısıldadı
he was dreaming of the princess he had married
Evlendiği prensesi hayal ediyordu
the knife trembled in the hand of the little mermaid
Bıçak küçük deniz kızının elinde titredi
but she flung the knife far into the waves
Ama bıçağı dalgalara doğru fırlattı

where the knife fell the water turned red

Bıçağın düştüğü yerde su kırmızıya döndü
the drops that spurted up looked like blood
Fışkıran damlalar kan gibi görünüyordu
She cast one last look upon the prince she loved
Sevdiği prense son bir kez baktı
the sun pierced the sky with its golden arrows
Güneş altın oklarıyla gökyüzünü deldi
and she threw herself from the ship into the sea
Ve kendini gemiden denize attı
the little mermaid felt her body dissolving into foam
Küçük deniz kızı vücudunun köpüğe dönüştüğünü hissetti
and all that rose to the surface were bubbles of air
Ve yüzeye çıkan tek şey hava kabarcıklarıydı
the sun's warm rays fell upon the cold foam
Güneşin sıcak ışınları soğuk köpüğün üzerine düştü
but she did not feel as if she were dying
ama ölüyormuş gibi hissetmiyordu
in a strange way she felt the warmth of the bright sun
Garip bir şekilde parlak güneşin sıcaklığını hissetti
she saw hundreds of beautiful transparent creatures
Yüzlerce güzel şeffaf yaratık gördü
the creatures were floating all around her
Yaratıklar onun etrafında yüzüyordu
through them she could see the white sails of the ships
Onların içinden gemilerin beyaz yelkenlerini görebiliyordu
and through them she saw the red clouds in the sky
Ve onların arasından gökyüzündeki kırmızı bulutları gördü
Their speech was melodious and childlike
Konuşmaları melodik ve çocuksuydu
but it could not be heard by mortal ears
ama ölümlü kulaklar tarafından duyulamıyordu
nor could their bodies be seen by mortal eyes
Bedenleri ölümlü gözlerle de görülemezdi
The little mermaid perceived that she was like them
Küçük deniz kızı onun onlar gibi olduğunu algıladı
and she felt that she was rising higher and higher
Ve daha da yükseğe yükseldiğini hissetti

"Where am I?" asked she, and her voice sounded ethereal
"Neredeyim?" diye sordu ve sesi ruhani geliyordu
there is no earthly music that could imitate her
Onu taklit edebilecek dünyevi bir müzik yok
"Among the daughters of the air," answered one of them
"Havanın kızları arasında," diye cevap verdi içlerinden biri
"A mermaid has not an immortal soul"
"Bir deniz kızının ölümsüz bir ruhu yoktur"
"nor can mermaids obtain immortal souls"
"Deniz Kızları da Ölümsüz Ruhlar Elde Edemez"
"unless she wins the love of a human being"
"Bir insanın sevgisini kazanmadığı sürece"
"on the will of another hangs her eternal destiny"
"Başkasının iradesi üzerine ebedi kaderi asılı"
"like you, we do not have immortal souls either"
"Senin gibi bizim de ölümsüz ruhlarımız yok"
"but we can obtain an immortal soul by our deeds"
"Ama yaptıklarımızla ölümsüz bir ruh elde edebiliriz"
"We fly to warm countries and cool the sultry air"
"Sıcak ülkelere uçuyor, boğucu havayı serinletiyoruz"
"the heat that destroys mankind with pestilence"
"İnsanlığı vebayla yok eden sıcak"
"We carry the perfume of the flowers"
"Çiçeklerin kokusunu taşıyoruz"
"and we spread health and restoration"
"Sağlığı ve yenilenmeyi yaygınlaştırıyoruz"

"for three hundred years we travel the world like this"
"Üç yüz yıldır dünyayı böyle geziyoruz"
"in that time we strive to do all the good in our power"
"Bu süre zarfında elimizden gelen her şeyi yapmaya gayret ediyoruz"
"when we succeed we receive an immortal soul"
"Başarılı olduğumuzda ölümsüz bir ruh alırız"
"and then we too take part in the happiness of mankind"
"Ve sonra biz de insanlığın mutluluğunda yer alıyoruz"
"You, poor little mermaid, have done your best"

"Sen, zavallı küçük deniz kızı, elinden gelenin en iyisini yaptın"
"you have tried with your whole heart to do as we are doing"
"Bizim yaptığımızı yapmak için tüm kalbinle çalıştın"
"You have suffered and endured an enormous pain"
"Çok büyük bir acı çektiniz ve katlandınız"
"by your good deeds you raised yourself to the spirit world"
"İyi işlerinle kendini ruh dünyasına yükselttin"
"and now you will live alongside us for three hundred years"
"Ve şimdi üç yüz yıl boyunca bizimle birlikte yaşayacaksın"
"by striving like us, you may obtain an immortal soul"
"Siz de bizim gibi çabalayarak ölümsüz bir ruh elde edebilirsiniz"
The little mermaid lifted her glorified eyes toward the sun
Küçük deniz kızı yüceltilmiş gözlerini güneşe doğru kaldırdı
for the first time, she felt her eyes filling with tears
İlk defa gözlerinin yaşlarla dolduğunu hissetti

On the ship she had left there was life and noise
Bıraktığı gemide hayat ve gürültü vardı
she saw the prince and his beautiful bride searched for her
Prensi gördü ve güzel gelini onu aradı
Sorrowfully, they gazed at the pearly foam
Kederli bir şekilde inci köpüğüne baktılar
it was as if they knew she had thrown herself into the waves
Sanki kendini dalgalara attığını biliyorlardı
Unseen, she kissed the forehead of the bride
Görünmeden gelinin alnından öptü
and then she rose with the other children of the air
Ve sonra havanın diğer çocuklarıyla birlikte yükseldi
together they went to a rosy cloud that floated above
Birlikte yukarıda yüzen pembe bir buluta gittiler

"After three hundred years," one of them started explaining
"Üç yüz yıl sonra," diye açıklamaya başladı içlerinden biri
"then we shall float into the kingdom of heaven," said she
"O zaman cennetin krallığına doğru süzüleceğiz," dedi

"And we may even get there sooner," whispered a companion
"Ve hatta oraya daha erken varabiliriz," diye fısıldadı bir arkadaşı
"Unseen we can enter the houses where there are children"
"Görünmeden çocukların olduğu evlere girebiliyoruz"
"in some of the houses we find good children"
"Bazı evlerde iyi çocuklar buluyoruz"
"these children are the joy of their parents"
"Bu çocuklar anne ve babalarının neşesi"
"and these children deserve the love of their parents"
"Ve bu çocuklar ebeveynlerinin sevgisini hak ediyor"
"such children shorten the time of our probation"
"Bu tür çocuklar denetimli serbestlik süremizi kısaltıyor"
"The child does not know when we fly through the room"
"Çocuk odadan ne zaman uçtuğumuzu bilmiyor"
"and they don't know that we smile with joy at their good conduct"
"Ve iyi davranışlarına sevinçle gülümsediğimizi bilmiyorlar"
"because then our judgement comes one day sooner"
"Çünkü o zaman kararımız bir gün daha erken gelir"
"But we see naughty and wicked children too"
"Ama yaramaz ve kötü çocuklar da görüyoruz"
"when we see such children we shed tears of sorrow"
"Böyle çocukları görünce üzüntü gözyaşları döküyoruz"
"and for every tear we shed a day is added to our time"
"Ve döktüğümüz her gözyaşı için zamanımıza bir gün ekleniyor"

The End
Son

www.tranzlaty.com

www.ingramcontent.com/pod-product-compliance
Lightning Source LLC
Chambersburg PA
CBHW011953090526
44591CB00020B/2760